種火を繋ぐ

——連合結成33年の軌跡

藁科満治

序——初心忘るべからず

「初心忘るべからず」——世阿弥の言葉である。

藁科満治さんは、私の知る限り、最も長期にわたり、日本の労働運動に貢献した最も偉大な労働組合指導者である。この点で藁科さんに及ぶ者はいない。

藁科満治さんと知り合って四十数年が経過したが、私は、一歳年上の藁科さんを、兄として尊敬し、指導を受けてきた。藁科さんは筋金入りの紳士であり、倫理面でも知性の面でも傑出した人物である。つねに理性的生き方を貫いてきた。

藁科さんの労働組合指導者としての人生は六十数年前に、富士通労組から始まった。ついで電機労連（現電機連合）で長く書記長をつとめたあと、電機労連委員長となり、日本の労働組合運動の最高指導者となった。

一九七〇年代の石油危機に始まる経済危機のなかで、長く分裂抗争をつづけてきた労働戦線を統一する運動が、主要単産の書記長クラスから始まった。当時、電機労連書記長だった藁科さんは、つねにこの運動の中心にいた。藁科さんはこの運動チームのまとめ役だった。藁科さんがいなければ、労働戦線統一による連合結成という大業の成就は困難だったのではないか、と私は思っている。藁科さんの、つねに「人の和」を大切にする生き方が統一実現の原動力となった。

藁科さんと初めてお会いしたのは一九七〇年代後半期だった。私はこの頃は、連日、政治評論を執筆しつづけていた。主たるテーマは自民党政治の研究だった。

一九七八年秋、古い友人の紹介で、当時全電通書記長だった山岸章さんに会った。山岸さんは、日本労働運動の危機を乗り越えるためには、なんとしても労働戦線の統一を実現したい、協力してほしい、と熱烈に語った。私は山岸さんの強烈な信念と意志を強く感じた。数日後山岸さんと再び会った時その場に藁科さんがいた。藁科さんに初めて会ったのはこの時だった。私は、両氏の強い信頼関係と強烈な意思と信念を受け止め、両氏に協力することを決心した。

三歳年上の山岸さんと一歳年上の藁科さんの両氏を兄として、労働戦線統一の大業に一兵卒として参加した。それから約二十年、労働社会問題研究センター（労働センター）事務局長、『社会労働評論』編集長として、労働戦線統一の必要性と大切さを訴えつづけ、裏側で微力を尽した。

藁科さんはつねに山岸さんを立て、全的統一実現後、自ら山岸さんを会長に推挙し、ご自身は会長代行を選び、山岸会長を支えた。

藁科さんは連合会長代行退任後、政界入りし民主党参議院議員会長、村山・橋本内閣の官房副長官などの要職を歴任した。この間も、政界の側から連合を支えつづけた。政界引退後は、連合顧問として連合首脳部を助け、今日に至っている。

いま、連合幹部の間に、一九七〇年代から九〇年代にかけての労働戦線統一に全力で取り組んだ頃の激しい情熱と信念を回復し、連合結成の「初心」を取りもどそうという意識が芽生えているという。大変よいことだと思う。私は、またも藁科さんの出番がきたと感じている。

藁科さんの著作である本書が、連合幹部のみならず全組合員に読んで頂ければ、連合は「初心」を取りもどし、新しい時代への挑戦を始めることができる、との期待感を私は抱いている。

連合は日本国民の宝である。連合結成期の初心と藁科さんの理想と信念を継承して頂きたいと思う。

連合が結成期の初心を取りもどし、新たなる日本のルネッサンスに向って力強く挑戦してほしいと願う。

森田　実
（政治評論家）

はじめに――〝種火〟を繋ぐ

私は一九六〇年（昭和三五年）から一九九二年（平成四年）までの三二年間の長きにわたり、労働運動の活動に従事してきた。もともと筋金入りの運動（活動）家ではないので、先輩の手厚い指導と学び直しでの学者、研究者方の懇切な指導に支えられて、なんとかここまで来られたというのが偽らざる実感である。格別、お世話になった先輩は、太田薫、宇佐美忠信、宮田義二、清田晋亮、竪山利文氏など、学者では大河内一男、隅谷三喜男、氏原正治郎、高梨昌、平田冨太郎、安藤哲吉、高木郁朗先生などである。一方、対岸の経営者にも魅力に富む人が多くいるが、仕事を通じて大いに刺激を受けた方は、鈴木永二（三菱化成）、亀井正夫（住友電工）、堤清二（西武セゾン）、岡田完二郎（富士通）氏などである。

しかし、三二年間の歳月は決して短くはなく、その思い出は尽きないものがある。取り分け至難と言われていた労働戦線の統一である「連合結成の取り組み」と、活動から離れて久しくなるごく最近取り組んだ、「わが国における労働運動史——連合結成を中心に」を国立公文書館の公文書として記録・保管する活動の二つが脳裏に強く焼き付いている。ここではこの二つのテーマに絞り、歴史・原点を振り返ってみようと思う。

改めて、しみじみ思うことは、「歴史・原点を振り返る」ということは、先輩たちが大切に繋いできた「種火」（活動・教訓・功績など）を振り返り受け継ぐことであり、そしてそれを次の世代にしっかり繋ぐことであると思う。つまり「種火」のバトン・タッチである。

藁科　満治

二〇二三年三月

目次

『連合』結成を巡って

〈我が国労働組合の悲願であった労働界全体の統一は、一九八九年（昭和六四年）一一月二一日ついに実現し、八〇〇万人の労働者が『連合城』のもとに結集した。その翌日のこと、送り主不明の小荷物がわたしの手元に届いた。解いてみると、中身は『上杉鷹山』上下二巻の本、そしてそこにたった一行『種火を大切に』というメッセージが添えられていた。早速読み始めたが私はたちまち虜になった。それほどこの本には胸打たれるものがあった。

上杉治憲（鷹山）は他家から養子に入り破産状態にあった米沢藩一五万石を若くして改革・再建した藩主であり、「愛と信頼」に裏打ちされたその政治姿勢と忍耐強く藩再建に導いた手腕は、アメリカ合衆国第三五代大統領ジョン・F・ケネディをして、「もっとも尊敬できる日本人」と言わしめた人物である。

「いくら米沢城に近づいて行っても、米沢藩の領内の光景は決して明るくはならなかった。山も死に、川も死に、土も死んでいた。そして何よりも死んでいたのはそこに住む人々の表情であった。……籠の中に煙草盆があった。灰皿の灰は冷たく冷えていた。治憲は何気なく冷たい灰の中を煙管でかき回してみた。灰の中に小さな灯の残りがあった。それを見ると突然治憲の目は輝いた」。このくだりを読んで私はハッとした。本の送り主の『種火を大切に』というメッセージを思い出したのである。このメッセージは歴史の重みと教訓とを教える助言であった〉

これはその直後に上梓した拙書『連合築城』の書き出しの一節である。

ちなみに文中のケネディ大統領の琴線に触れた上杉鷹山の言動は、天明五年（一七八五）治憲が家督を譲る際に後を継ぐ治広に贈った三ヵ条の訓戒『伝国の辞』にある。

一、国家というものは先祖から子孫に伝えるもので、藩主の私有すべきものではない。

二、人民は国家に所属するもので、藩主の所有物ではない。

三、藩主は国家人民のためにいるのであって、藩主のために国家人民が存在するのではない。

一八世紀中は、世界中で封建領主支配がまかり通っていた時代で、上杉鷹山の『伝国の辞』三ヵ条ほど、民主精神に溢れた考え方をする領主は希有の存在だったと思われる。

これまで何回となく挑戦しては壊れ、挑戦しては挫折してきた労働戦線統一の取り組みが、今回なぜ成功して統一が実現したのか。その理由と背景的事情はいくつもあるように思われる。

一．オイルショックをはじめ、国際化が急速に進んで経済環境が様変わりしたことに対する危機意識が高まった。

二．国内外の環境変化の中で、物価、税制、社会保障、人口、環境、労働時間など国の基本政策に関わる生活全般の課題が浮上して、それに対応する政策と力が必要になった。

三．そのような事情を背景にして、地方民労協、全民懇など労働組織の底辺からも統一実現への躍動が高まった。

四．一方政治面では、一九六七年総選挙で、自民党ははじめて得票率五〇％を割り、七四年参議院選で与野党伯仲状況が生まれ、七六年総選挙では衆議院においても与野党伯仲状態となって、国会運営の構造は大きく変わった。

五．統一への進め方については、一気に全的統一を目指すのではなく、緩やかな協議会からスタートして民間結集へ進み、そして最終の官民統一を実現するいわば三段飛び方式の戦略を敷いた。そして論議の進め方については、前段で団体間の論議を進め、その合意と納得のもとに民間先行の論議に移行した。

六．資本主義体制の基本構造として資本、経営、労働があり、その均衡の保持が求められるが、我が国の場合労働組合が分裂していて、相互に足を引っ張り合っている場面が見られる。こうした状況に対して学者・研究者などが危機意識を持って、労戦統一実現に向けて支援活動を進めた。

七．労戦統一論議の核心は、『統一推進会』で進められたが、その六人のメンバーは定年直前の世代で、これが最後の挑戦の場といった危機意識を共有していた。

などを指摘することができる。そして、これらの事情と背景が相乗的に重なり合って統一実現に繋がったといえる。

さらに議論の集約としての「基本構想」草案の視点から振り返ってみると、『イデオロギーからの脱却』の要素が極めて重要な意味を持っているように思われる。もっといえばこの決断と姿勢が、今回の挑戦の流れを決定づけたといえると思う。

過去の労戦統一の挫折は、端的に言って戦前や結成時から引きずってきた団体間のイデオロギーの対立が根底にあり、それは相互の信仰と思い込みの衝突でもあった。その土俵の上で足したり引いたりしたところで統一への扉は決して開かない。今回統一推進会が過去の取り組みの反省の上に立ってその土俵から脱却し、新しい時代と環境に見合う理念と政策を新たに創造して行く決意を持った意義は大変重く、画期的であった。

当然のことながら、新たな「基本構想」は、その理念のもとに成文化されたものである。

「イデオロギーからの脱却」に関して、私には忘れられない思い出がある。それは七〇年代の終盤のある日、芝の中退金ビルで、「最近の退職金の動向」を報告して質疑が終わろうとしている時、「別室で大河内一男先生（元東京大学学長）がお待ちになっています」というメモが届いた。早速訪問すると、大河内先生から大要次のような

い。

助言があった。

「また労戦統一の論議が始まったようだが、くれぐれも次の三点に留意してください。

一．日本の労働組合が幾度となく挑戦しては挫折してきた労戦統一失敗の第一の理由は、イデオロギーに色濃く支配されてきたことである。イデオロギーというのは、言葉そのものが独り歩きして組合員を惑わしてしまう。日本には社会主義による革命そのものが労働運動の本流であるかのようなイデオロギーが蔓延してきたが、これでは組合員はついてこない。

二．戦後における我が国の労働運動は、官公労主導のもとに発展してきたが、内外の環境が著しく変わった今日、民間組合がもっとしっかりしなければいけない。労戦統一の取り組みについても、もっと国際的な情報・認識をもとに民間組合が発言力を強める必要がある。

三．これからの労働運動の柱に据えるものは、イデオロギーではなく政策である。統一した労働組合は、国際的視野に立った政策をまとめる強固な体制を確立する必要がある」

この助言は、穏やかな口調の中に日本の労働組合と労働運動の弱点とアキレス腱を看過なく指摘していて、反論の余地はまったくなかった。

それ以来この助言は天から届いた厳しい忠告として私の脳裏に焼き付き、統一論議の過程で何度も思い起こしてはかみしめたのである（関連記事二〇一五年六月二一日付『日本経済新聞』、二〇一五年九月二六日付『読売新聞』）。

あの結成の喜びと興奮から早いもので三三年の歳月が流れた。その間、世界も、日本も、さらに国内各分野でも様々なことが起こり、そして変化もした。「連合」もこの三〇年余りの間、一歩一歩前進を目指して運動を進めてきたが、現執行部では結成以来はじめて女性会長と官公部門出身の事務局長が誕生し、組織内外から注目を集めた。

そして格別、「歴史・原点」の面から振り返ってみると、連合本部の関係だけでもいくつかの重要場面に直面している。

その第一の場面は、二〇〇五年笹森執行部が取り組んだ「連合結成の原点回帰」の動きである。

この動きは連合結成から一五年余りを経て結成当時の思いと記憶が薄れていくことを懸念し、改めて連合の原点である「基本構想」の論議をした統一推進会の経過と結果議事録を構成組合と地方組織に発信したものである。笹森執行部のその思いと危機感は、送り状の文面に鮮明に刻まれているので、「『労働戦線統一推進会の記録』の発行に当たって」の文章をそのまま紹介する。

「『労働戦線統一推進会の記録』の発行に当たって　連合会長・笹森清」

連合が結成されて、今年で一六年目を迎えました。時の経過とともに、連合結成に至るまでの歴史的経緯に対する記憶が薄れていくのは止むを得ないこととはいえ、その歴史的事実は、連合の将来を展望する中で、決して忘れてはならないことだと考えます。

しかし、その歴史的経過に多少とも関わった者が、つぎつぎと現役を離れていく中で、後世にその事実を伝えていくことは、その経過に関わった最後の世代の責任でもあります。このような考えから、今般連合結成のまさに土台となった「労働戦線統一推進会」の記録を整理し、発行することと致しました。

この記録を読むに際して、もう一度統一推進会の意義や、議論の経過とその結果である「民間先行による労働戦線統一のための基本構想」との関わりを整理しておくことが肝要だと考えます。

一．まず第一に、民間先行結集のための論議の場として提起された「統一を進める会」構想は団体間の話し合いや、その他各レベルの様々な調整努力によって、六単産がそれぞれ関係する団体・グループをカバーする立場と性格を持って、「統一推進会」として設置されました。

二．そして、「統一推進会」での論議の基調は、民間先行の結集とはいえ、将来の官民統一を展望しつつ、我が国として画期的な労働戦線統一の基本的な輪郭と方向性について一三回に及ぶ議論を積み重ねてきました。その結果

① 運動の基調（理念）
② 情勢の基本認識
③ 統一の必要性と目的
④ 統一の進め方

⑤ 全的統一への展望の構成で「民間先行による労働戦線統一のための基本構想」をまとめたわけであります。

三．「統一推進会」の各委員は、関係する団体・グループをカバーする立場で論議に参加しましたので、論議の経過と内容についてはその都度、関係する団体・グループに持ち帰り報告して議論することを繰り返して次の会議に臨むという方式をとりました。論議は多くの重要課題を巡ってしばしば激論となりましたが、各委員の相互信頼をもとに慎重かつ自由闊達に展開されたと聞き及んでおります。そのため会議議事録については、形式的な集約は行わず、全体の流れをそのまま総括的に記録することとしたわけであります。

今回の発行に当たっては、当事者であります「労働戦線統一推進会」の委員であった宇佐美忠信さん（当時ゼンセン同盟会長）、塩路一郎さん（同自動車総連会長）、竪山利文さん（同電機労連委員長）、中川豊さん（同全日通委員長）、および作業委員であった得本輝人さん（同自動車総連事務局長）、藁科満治さん（同電機労連書記長）の先輩方にご参集いただいて、意見交換を致しました。

その結果、統一推進会は連合を結成する上で、決定的な意義と役割を持っていたとしてその記録は連合運動を進めていく上で大きな歴史的意味を有していることから正式な記録としてこれを保存し、現役世代はもちろんのこと、後に続く人たちの参考として供していくことが重要であるとの意見の一致をみました。

その際、統一推進会は約二五年前のことであり、その後の情勢の変化や連合結成及び連合の約一六年間の活動状況などについて、様々な意見はあるものの、当時の記録を歴史的文書と位置づける意味から、いわゆる「何も足さない」「何も引かない」形で残すことが適当であるとの合意に至りました。

そのため経過に精通していない者にとっては、議論の中身、あるいは行間にあるニュアンスを理解することは困難が伴うものであると考えますが、いずれにしても連合としてもこの記録は、連合結成の最大のポイントとなった歴史的文書であると認識しております。従って今回の発行に際し、関係者の皆さんに歴史を顧みるとともに、今後の活動の糧にしていただきたいと考えております。その際、議事録と「基本構想」を照合しながら全体の流れをご理解いただくよう、とくにお願いいする次第であります。

その第二の場面は、二〇〇九年古賀執行部における「連合結成二〇周年」のイベントを巡る動きである。

祝賀パーティーの会場でのことであった。労働ペンクラブ会長、長老格の学者とジャーナリストなど数名の方が私の席に見え、大要次のような意見を述べられた。「いま演壇でイベントをリードしている執行部の皆さんは、連合結成当時のことはほとんど知らない。結成までの経過と曲折については全く知らない。連合発展のためにその原点と歴史をしっかりと語り継いで行くべきではないか」といった助言であり、厳しい苦言でもあった。

私自身もかねてより当時の事情を語り継いでこなかった反省もあって、早速当時を知るメンバー（主として統一推進会関係者）と相談したが、すでに高齢で体調の事情（宇佐美、塩路両氏）もあって、集まって協議することは困難であることがわかった。そこで二〇一一年（平成二三年）末、連合会館に古賀伸明会長を訪ね、これまでの経過を伝えて今後の対応策について話し合った。

幸い古賀会長も二〇周年の体験を経て、改めて結成の原点を振り返って学習したいという強い意欲を持っておられ、翌年年明けから学習の場を設定する対応策を提示してくれたのである。そして年明け早々から連合本部の主要メンバーを集めて、時間もたっぷり取って「連合結成の原点」について語り継ぐ場を設定してくれたのである。長時間質疑は続いたが、特に「統一推進会で激しい論議となったテーマ・課題」と「連合結成にあたって支援してくれた労働組合以外の団体や学者・研究者の動き」に対する関心が強かったと記憶している。

その第三の場面は、第二の動きに連動したもので、二〇一四年（平成二六年）結成二五周年に当り改めて結成の原点を振り返るために、平面的な二五周年史の編纂に代えて、「語り継ぐ連合運動の原点」を編纂することを決め、そのための広範に及ぶオーラルヒストリーと座談会を実施して冊子としてまとめ、組織内外に発信したのである。この活動は組織内外から大きな反響を呼び、マスコミにも大きく採り上げられ、多くの大学や学者・研究者からも注目を集めた。

参考までにこの冊子の意義と目的を示した編集責任者・飯田康夫氏（元労働ペンクラブ会長）の「あとがき」を紹介する。

ここに「語り継ぐ　連合運動の原点」をお届けします。振り返れば連合が結成されたのが一九八九年一一月二一日。労働界が長年にわたって悲願としてきた労働戦線の統一体として「連合」が誕生して二五年。四分の一世紀が経過しました。この間、政治の危機、経済の危機、社会の危機に加えて労働界もまた多様な形の危機に見舞われました。

連合の結成から二五年という年月は、ひとつの歴史でもあります。この二五年を振り返って、連合結成に情熱を傾けた先人たちの努力、連合に注ぐ熱い眼差しを今日の連合トップリーダーの皆さんはどう感じ、受け止めているのでしょうか。今改めて連合結成時の高い志、何を目指そうとしたのか、運動の原点を学び、連合の明日に向け、社会的に価値のある連合運動へと飛躍されることを期待して、ここに連合結成に関わった方々の貴重な証言をまとめた次第です。同時に、先輩たちも現役世代に対し連合運動の原点を語り継ぐべきだとの強い信念があって、多くの方々に登場いただきました。藁科さんからの「歴史を深く認識した者が未来を洞察することができる」という重い言葉に刺激されたのも事実です。

全体の構成は第1章に連合初代会長・山岸章さんと同会長代行・藁科満治さん、それに総評最後の事務局長・眞柄栄吉さん、同盟最後の書記長・田中良一さん、連合役員推薦委員会委員長の鈴木治さんら当事者に登場いただき、連合の応援団としてシンクタンクの草分けである元現代総研会長の正村公宏さん、政治評論家の森田実さんの七人にオーラルヒストリー的にインタビューし、読みやすくするため発言要旨をまとめ、さらに現役世代に是非一読してほしい文献的価値のある各氏の論文（要旨）も併載しました。

第2章では連合結成ドラマ（小史）を、第3章では連合結成に命をかけた民間連合会長の竪山利文さんと連合初代事務局長で行動力抜群の山田精吾さんの遺稿を精読し、そのエキスを網羅したつもりです。第4章では当時、労働界のご意見番だった宮田義二さんや宇佐美忠信さん、労戦統一の必要性をいち早く呼びかけた元全逓委員長の宝樹文彦さんらの言葉を抜粋し、第5章では連合の産みの親である統一推進会の貴重な記録と統一を進める会の提唱者・塩路一郎さんの想いを、

第6章ではマスコミの論評を、第7章では連合前史から連合結成の歩み（年表）を、第8章では連合への期待と注文を多彩な方々の発言・記事から抜粋し掲載させていただきました。ただ多くの方々が黄泉の世界に召され、インタビューが適わない場面に直面しましたが、長年にわたる労働ジャーナリストの立場から、これまでに聞き取った皆様の思いと著作物から要旨を掲載させていただきましたこと、感謝するばかりです。第9章、第10章は資料編です。最後の章は稾科さんからの貴重な発刊の経緯を掲載することで、本冊子の意図を汲み取っていただければ幸いです。筆力が不足していることで、十分各氏の意図を表現できたか、いささか忸怩たるものがあることをお許し下さい。ご協力いただきました皆様に心から感謝申し上げます。

その第四の場面は、二〇一九年神津執行部における「連合結成三〇周年」のイベントを巡る動きである。

連合は二〇一九年に結成三〇周年を迎え、そのイベントとして祝賀の式典とパーティーを開催した。その一カ月ほど前に神津会長から私に連絡が入った。「三〇周年祝賀の祝辞の準備をしているが、結成当時のことで何か意見があれば是非聞きたい」。話しの要旨はそのようなものだったと記憶している。

直接会って神津会長が準備している祝辞の構想を聞いたが、その構成と内容は見事に整理されていて、私が補強するようなものは何もなかった。ただ結成直後から数年の間は連合総研も整備途上の段階であり、政策と運動両面で学者・研究者、シンクタンク、ジャーナリストなどのご支援が大きな支えになった。

その支援に対する感謝の気持ちを祝辞の中で示してほしいとお願いした。祝賀パーティーには私も出席したが、神津会長は祝辞の冒頭、支援者に対する鄭重な謝意を述べて、結成とその直後の事情を知る多くの参加者の胸に響くものがあった。私はその会場の雰囲気に浸りながら、改めて「時代の証言」ではないが、当時を知る者の記憶と実感は、歴史・原点を伝える貴重な種火であると思った。そしてこのような原点を振り返る動きに直面して、改めて歴史・原点を知る者は、先輩たちが営々と「繋いできた種火」を、次の世代にしっかりと大切に繋ぎ伝える責任があると思った。

『わが国における労働運動史』を記録・保管する取り組み

二〇二〇年（令和二年）六月、『わが国における労働運動史――連合結成を中心に』は、初めて国立公文書館の公式文書として記録・保管されることになった。これは労働界にとって大変喜ばしいことであるが、併せて国の歴史に厚みを加えた面からも意義のあることである。公文書館からヒアリングを受けた当事者として、記録・保管された文書を元に学習用の資料として別冊『わが国における労働運動史――連合結成を中心に』を編纂したのでここに紹介する。

今回ヒアリングを受けて最初に感じたことは、質問（問い）の組み立てと内容がしっかり整理されていて、さすがは国立公文書館の企画だと思った。質問は一四項目で組み立てられ、それぞれに重要なポイントを突いていて、まさに「問いは答えより重要である」という名言に相応しい内容であった。ここではその中から特に印象に残った五点についてその感想を述べる。この内容を参考にして「運動史の記録」をお読みいただければ幸いである。

その第一は各項目の質問に入るに当り、冒頭「歴史を振り返ること」そのものに対する考え方を問われたことである。この問いに対するわたしの答えはヒアリングの通りであるが、特に強調したことは、

・常に歴史を大事にしたいという気持ちを強く持っている。

・歴史は、いろいろの角度から光を当てて多面的にみることが重要である。

の二点である。

その第二は、連合結成で生じた負（傷）に対する指摘で、今まで連合や出版社などを通じて連合賛歌的なヒアリングを何回か受けてきたが、それとは全く異なる緊張感に包まれた。

特に官民統一の最終段階における官公労組の一部の組織分裂について質問が出たので、背景的な事情も含めて丁寧に説明を加えることになった。国家、国民の視点に立った歴史の記録であれば、当然明暗両面を備えた客観性が求められることを改めて痛感させられたのである。

その第三は、今回の統一に向けた取り組みから見れば、準備的活動に見える「政策推進労組会議」の動向に公文書館側が強い関心を示し、旧来のナショナルセンターとの違いを指摘したことは、非常に重要な着眼点で特筆に値することである。

結論を先に言えば、この「政策推進労組会議」の活動は、究極としての連合の原点「政策と力」の萌芽と見ることができる。その兆候的な動きは、政策企画の面では「現代総研」との連携で国際化の状況を克明に組み込んだが、その内容には政府、経済界から強い関心が示された。

交渉面では省庁ごとに窓口を設定して粘り強く継続的な交渉を進め、そして行動面では地方民労協との連携をもとに展開した大阪〜東京間の「生活安定大行進」であった。この大衆行動は、多くの国民の共感を呼び、連日マスコミにも大きく採り上げられたのである。至難と言われた連合結成が成就したのは、性急な全的統一を求めず、「協議会〜民間連合〜官民統一」のいわば三段飛びの戦略判断が功を奏したと言われている。しかし、併せて重要なことはその前段的活動としての政策推進労組会議の活動は、政策、行動両面で旧来のナショナルセンターとはまったく異なる活動の質・形を追求して、いわば三段飛びの成否を占う助走的な役割を見事に果たしたといっても過言ではない。

格別、省庁ごとの交渉窓口の設定と粘り強い継続交渉の展開は、組織内の士気を高め信頼関係を深め、さらに交渉相手を驚かせもした。これら一連の活動を積極的に推進した山田精吾事務局長の果敢な行動力とリーダーシップは、改めて高く評価されなければならない。

その第四は、今次労戦統一の取り組みに当たって、積極的に支援してくれた団体の存在は歴史的にも特筆する必要がある。特に「現代総研」と「労働問題研究会」の存在と支援活動は、労働界にどれほど強い刺激と勇気を与えてくれたか計り知れないものがある。

格別、これらの団体をリードしてくれた大河内一男、松前重義、長洲一二、正村公宏、氏原正治郎、高梨昌先生などの存在と影響力は社会的にも大変大きなものがあった。

『現代総合研究集団』（略称『現代総研』）

一九七二年（昭和四七年）立ち上げられた『現代総研』の発足時における情勢認識

は次のようなものであった。

「戦後から六〇年代にかけてわが国が展開してきた先進国への後追いの戦略が相応の成果を挙げて、経済規模、所得水準などにおいては肩を並べる水準に至った。しかしながら同時に、環境破壊、交通災害、社会保障・社会福祉、過密・過疎、長時間労働、そして財政破綻など解決しなければならない多くの重要課題に直面している。これらの課題を改善するためには、旧来の発想の延長ではなく新たな時代要請にこたえうる社会システムの構築と思考・行動両面における大胆な改革が必要である。」

その認識のもとに国民的目標を再構築するために、学者・研究者・ジャーナリスト、そして労働組合関係者の共同研究の場として、労働組合の基金のもとに『現代総研』を設立した。初代の代表幹事には、大河内一男、松前重義、事務局長に長洲一二の陣容でスタートすることになった。そして七五年から事務局長に正村公宏、九四年から組織再編で会長正村公宏の布陣となった。

労働組合としては、組織の中に理事と政策担当者を配置して、政策が迅速に組織へフィードバックされるように取り組んだ。

一九七三年（昭和四八年）一〇月に勃発した第四次中東戦争の影響により、諸物価が急騰し、日本経済は超インフレの渦中に巻き込まれた。この混乱期に発足間もない『現代総研』は、「年金改革」、「緊急インフレ対策」などを「緊急提言」として発表した。これらの提言はマスコミの反響も大きく、『現代総研』の名は社会的に一気に高まった。『現代総研』の屋台骨を背負ったのは正村先生で、鋭い先見性と機敏な行動力は卓越しており、その手腕とリーダーシップは、政界、経済界からも注目されたのである。

労働組合としては、政策企画の面で体制未整備の段階であり、特に政策推進労組会議、全民労協、民間連合の活動を通じて、『現代総研』にどれほど支えられたか言葉に尽くせないものがある。さらに、連合発足後も「連合総研」の足らざるところを補完する役割も担ってもらったのである。

『労働問題研究会』

『現代総研』の発足からやや遅れた一九七五年（昭和五〇年）に『労働問題研究会』が設立された。設立趣意書には、「直面する労働関係諸課題の実証的な解明と理論的整理」とうたわれているが、この趣旨に賛同して参加した学者は、大河内一男、隅谷三喜男、氏原正治郎、都留重人、梅村又次、辻村江太郎、平田冨太郎、高梨昌など錚々たる経済学、労働経済学者五三名が国・公・民を超えて名を連ねている。そして、理論誌『現代の労働』を発刊することになった。

当研究会の活動を通じて、特に印象に残っているのは、労働者意識の国際比較の調査研究で、先進国一〇カ国の電機産業労働者の意識比較を分析したところ意外な結果が出て大変な話題を呼び、学界やマスコミにも取り上げられ、東大社研からも報告の要請があった。

しかし、学者の先生方と労働問題の共同研究や労戦統一をめぐる座談会で議論をしたりする程に、ひしひしと感じたことは、労働組合に寄せる先生方の真の思いと期待は、目先の労働問題の課題解明ではなく

・国際的な環境が様変わりした状況の中で、日本の労働組合は分裂したまま今でも相互に足を引っ張り合っていることは遺憾である。

・資本主義体制の基本構造として、資本・経営・労働があり、その均衡保持が期待されるが日本の労働組合は、その使命と役割を担う自覚を持ってもらいたい。

・早く労戦統一を実現して、国内的にも国際的にも期待に応える体制を確立してもら

いたい。

といった労働組合の体制確立の基本のところにあるという思いであった。

そして、このような懸念と期待に応える意味でも格別国際化の激しい荒波の中でわが国の労働組合が早く労戦統一を実現して、相応の使命と責任を果たさなければいけないと強く思った。

このように、労働組合以外の団体からの精力的な支援活動は、労働組合に強い刺激を与え、厳しい危機感を持たせてくれたことは間違いない。

連合結成には、こうした労働組合以外の団体からの強力な支援活動があった歴史的な経過を決して忘れてはならない。

改めて第五に労戦統一推進会の動向を振り返ってみる。

繰り返し指摘してきたように今次労戦統一論議の核心は統一推進会にあった。統一推進会を構成するメンバーは、宇佐美忠信（ゼンセン同盟）、塩路一郎（自動車労連）、竪山利文（電機連合）、中川豊（全日通）、中村卓彦（鉄鋼労連）、橋本孝一郎（電力総連）、（五十音順）の六人で、それぞれ背後の団体を代表・カバーする役割を担った。統一推進会は、過去の反省もあって団体間の慎重な論議の積み重ねと合意のもとに発足したことから、その職責の幅と重みが一気に高まった。そして、長期にわたる熾烈な論議を経て民間先行結集と将来の官民統一を展望したわが国としては画期的な労戦統一の基本的方向を「基本構想」としてまとめた。この基調は、「民間連合」、「連合」に引き継がれ、わが国労働運動史に輝ける金字塔を打ち立てたのである。

たまたま私は、統一推進会・作業委員会から指名されて、「基本構想」の草案起草の任務を担うことになった。私には少し荷の重い任務と思ったが、統一推進会各委員の大変なご苦労を見ていたので、私なりに精一杯頑張ってみようという気になった。いうまでもなくこの任務は、統一推進会の論議経過と結果を踏まえた草案起草であって、勝手に創作することではない。しかし、当然その職責の範囲で心がけるものがあると思い、草案文章化の作業に入る際に学者、評論家数名の方にご意見を伺った。それぞれに価値ある助言をいただき参考にさせていただいたが、格別、評論家の森田実氏からの助言は、一時期「労働社会問題研究センター」の事務局長・編集長として協力いただいたこともあって、実務的に非常に役立った。私が草案文章化で特に留意したのは、次の二点である。

・既存の団体の綱領文書などとは関係なく、新しい時代・環境に対応する新しい草

案を起草する
・用語は、できるだけ易しく、わかりやすい言葉を使い、一般の人にも読んでもらえるような平易な文章にする。

「基本構想」発表の翌朝の新聞には、さまざまな論評が掲載されたが、我田引水で気が引けるが、氏原、高梨両先生の「極めて平易な文章で分かりやすく、これまでの労働組合の運動方針などと比べると天地の差が認められる画期的な文章」というコメントは、ご祝儀言葉とは言え、とてもうれしかった。

「全的統一」と「同じ志の組合の結集」の対立と乖離から始まった統一推進会の論議を、一つ一つ丁寧に粘り強く積み上げていって、見事に歴史的な「基本構想」としてまとめ上げた六人の功績と忍耐力は、どれほど評価してもし過ぎることはない。

公文書館の問いの中に、「統一推進会の論議をリードしたキーマンがいたか」というのがあったが、「六人の間の信頼関係と連帯感が強く、特定のキーマンはいなかった」と答えた。

だからと言って、この六人は決して似た者同士の仲良し仲間ではなく、むしろ一人一人が強烈な個性の持ち主である。その六人が、この厳しい土俵の上で相互に激しく議論し合いながら、合意の結論を引き出すには、余程の決意と忍耐が必要だったと思う。

作業委員として、直接傍らでその会議の流れと雰囲気を見て、敬服しながら感じたことは次の四点である。

(一) イデオロギーや思い込みから脱却して、内外の厳しい環境を直視しよう

(二) 原則的な理念は大事だが、小さな統一では意味がない

(三) 六人は定年直前の世代であり、これが最後の挑戦の機会である

(四) どれほど厳しく、激しい議論をしても感情的にならないようにしよう

このような責任感、使命感、危機感を六人が共有していたのではないかと思う。

今、時は大きく流れて、残念ながらこの六人は黄泉の旅に立たれた。

改めて、連合の歴史と共に永遠に輝く六人の功績に対して、心から敬意を表しながら伏してご冥福を祈るばかりである。

国立公文書館関係の締めくくりとして、「国立公文書館」そのものの存立意義と今後の展望について若干触れたいと思う。

今回、国立公文書館として「わが国の労働運動史を記録・保管する」取り組みを進めるに当たり、私が館からのヒアリングを受けることになったことはすでに触れた。実は、この取り組みを通じて私は幸いなことに「国立公文書館」そのものを「学び直す」収穫を手にすることが出来た。「学び直し」といってもまだ突っ込み不足だが、それでもいくつか「国立公文書館に関する価値ある知識と課題」を認識することはできた。

その内容を参考までに要約してみる。わずかでも参考になれば幸いである。

① 国立公文書館は、国や自治体のガバナンスを検証する役割と併せて、伝統・文化を継承発展させる使命を負っており、公文書などがどのように記録・保管・活用されているかは、その国の社会と文化の成熟度を示す象徴的なものと言われている。

わが国の場合、場所の関係もあって国立国会図書館に比べて国立公文書館の利用度はかなり低いように思われる。

② わが国の国立公文書館の設立は、一九七一年（昭和四六年）で二〇二一年にようやく五〇周年を迎えたばかりである。ヨーロッパの諸国では、一八世紀以来近代

的な公文書管理制度が導入されている。そうした事情から、わが国の国立公文書館は、規模、構造、機能、要員、所蔵量、活用量などあらゆる面で国際的に著しく劣っている。ちなみに要員比較（二〇一七年内閣府資料）でみると、米国二七二〇、イギリス六〇〇、フランス五七〇、ドイツ七九〇、韓国三四〇に対して日本は五二でまさに桁違いの劣勢である。

③ この格差の理由と背景的事情は単純ではないと思うが、私は次の二つの影響が非常に大きいと考えている。

・明治以来続けてきた「国の公文書は、関係機関で保存する」としたわが国固有の伝統的保管方式（方法）の影響

・長期にわたる軍国主義時代と戦争の後遺症の影響

④ わが国の場合は、二〇一一年（平成二三年）の公文書管理法施行以降、国立公文書館の抜本的な改革の取り組みが展開されることになった。

特に前館長の加藤丈夫氏の改革に向けた意欲と行動は、自ら視察・検証した国際比較に基づくもので大変説得力を持っている。

例えば

・館内のデジタル化の推進によって、保管文書の科学的保全技術が進化した

併せて、館内の案内がわかりやすくなり、文書の選択が容易・迅速になった

・「初もの展示会」、「鉄道開業一五〇年」など一般市民に親しまれる企画の実践で国立公文書館に対する意識が高まり、来場者が増加した

・二〇一五年に開催した「ケネディー大統領――その生涯と遺産」は爆発的な人気を集め、来場者は未曽有の四万名に達した

など、加藤氏が蒔いた改革の種は、確かな形として既に芽を吹き出し、蕾を膨らませ、花びらを開きつつある。

加えて、今後の展開として期待されるのは、二〇二四～五年頃を目途に「国立公文書館」を国会近くの場所（憲政記念館の土地も仮案）に移す計画がすすめられている。これが実現されれば、新館の構造・機能を抜本的に改革して使いやすさ（デジタル化、インテリジェント化、売店・喫茶室の設置、バリアフリー対策など）が増すことになる。併せて国会見学のコースに「国立公文書館」を組み込むことも可能であり、国民との距離を一気に縮めることが出来る。

⑤　数年前「公文書の書き換えや破棄」といった絶対あってはならない蛮行をめぐって国会でも厳しい論議があった。「国民と国立公文書館」の距離が近くなれば、絶対そんなことは起きなくなると思う。

最後に、改めてこの「労働運動史」が「国の歴史」として記録・保管されることになったことは、大変意義のあることであり喜ばしいことである。この運動史に是非、これからの連合運動を通じて、「国民と労働者のために貢献する活動の厚みと膨らみ」を積み上げていって欲しいと念願して止まない。

わが国における労働運動史――連合結成を中心に

―藁科満治オーラル・ヒストリー―

はじめに

（寺澤・公文書館）今回、国立公文書館の試みとして「わが国における労働運動史」を記録に残す取り組みを進めることになりました。この企画の歴史的な意義は二つあります。

そのひとつは、わが国資本主義体制が本格的に導入されたのは、明治維新を起点とした一八九〇～一九〇〇年代にかけての工業化（産業革命）の進行が契機となっています。それから一世紀余りを経過した現在から見まして、資本主義体制の基本構造として「資本・経営・労働」のバランスがどのように保持され、発展してきたのかを振り返る歴史的な意義です。もう一つは、戦後の占領政策の一環として民主主義確立のための推進団体として労働組合の結成と育成が進められましたが、七五年を経過した現在から見て、わが国の労働組合はその目的に沿う活動を展開してきたかを振り返る歴史的な意義です。

また、本試みでは、労働運動に関わる「記録」や「振り返り」に着目しつつ、聞き取りを実施し、その証言を記録するよう心がけています。特に、戦後の労働組合・労働運動に基調を置き、労働界の大きな節目となった労働戦線統一、「連合結成」に光を当てて、本運動の歴史を振り返ることとしています。そこで、聞き取りの対象者として、「連合結成」当時のことを知っている方と考えていたところ、幸い連合顧問の藁科満治氏（連合初代会長代行）が、この取り組みに協力して下さることとなりました。

（藁科）今回、国立公文書館の取り組みとして「わが国の労働運動史」（連合結成を中心に）を記録に残すことになり、連合結成当時のことを知っている人が殆どいなくなったことから、私がヒアリングを受けることになりました。

私は、今次労戦統一の基本的な理念である「基本構想」をまとめた労戦統一推進会（略称：統一推進会）の作業委員であり、「基本構想」草案の担当者でもありました。そうしたことから連合結成後、構成組合や地域組織からしばしば声をかけられ、「連合結成の原点」などについて著書（『連合築城』[1]）として編纂したり、話をしたりしてきました。いわば連合結成に関する「語り部」的な役割を務めてきたのです。

しかし、今回の私の使命と役割は、「わが国の歴史の一環としての労働運動史」の記録を残すことであり、今までの「連合語り部」としての役割とは全く異なる性格のものです。

いままでの「連合結成」に関する綴りと語りは、連合のブルー眼鏡（連合の組織カラーはブルー）を通しての思いであり見方でしたが、今回はそれとは対照的にブルーの眼鏡をはずして国民的な視点に立った「客観的な連合結成論」を語ることが求められたのです。ブルー眼鏡を完全に外せるかどうかわかりませんが、真実と問題の核心を掘り起こして記録に残すために、連合結成によって生じた負（傷）の部分についても触れながら連合結成の生の姿を語り継ぎたいと思っています。

（寺澤） 聞き取りによる振り返りを進めるにあたり、「歴史を振り返ること」そのものに対するお考えをお聞かせください。

（藁科）私は、常に歴史を大事にしたいという気持ちを強く持っています。今回の労働運動史についても歴史についての思いに触れながら話をしたいと考えています。

私がよく引用する格言に「過去を深く認識したものが未来を洞察することができる」というのがありますが、歴史を振り返ることは大変大事なことです。ただ歴史を振り返るにあたって注意しなければいけないことは、歴史を多面的にみること、つまりいろいろの角度から光を当ててみることが重要だと思います。

参考までに日本を代表する歴史小説家三人の歴史の見方を引用してみます。

司馬遼太郎先生[2]は、「よく両面から見なさいというけれども、それだけでは常識的なことしか見えてこない。もう一つとんでもない角度から、つまり天の一角から見ると、いままで見えなかったものが見えてくる」と語っています。

童門冬二先生[3]と対談したことがありますが、その時に「歴史の鉱脈は幾通りもある。例えば織田信長についても光の当て方によって善玉にもなるし、悪玉にもなる」といわれました。

半藤一利先生は、「日本の歴史は勝者の歴史であり、都合の悪いところはカットしてある」と指摘しています。

三人三様の表現ですが、共通していることは「歴史はいろいろな角度から光をあてて、多面的に見なさい」と言っていることです。

1. 日本の労働運動史の全容

（寺澤） それでは、日本の労働運動史につきまして、話を進めていただきたいと思います。その際、時代ごとの組織の大きな動きや判断、その背景について触れていただけますと、全体像が理解しやすくなります。

（藁科） 日本の労働運動史の全体像を概括的に仕分けすると五つに仕分けすることができます。一つ目は創生期、二つ目は戦後の労働組合の結成、三つ目は先進国の後追い活動、四つ目は、そうした経過と背景の中から賃金以外の物価、税制、社会保障、環境など国の基本政策にかかわる課題が浮上し、企業、産業のレベルを超えた政策と活動が必要になりました。そこで、民間の有志組合が連携して国家の政策課題に挑戦する共同行動の場（民間共同行動会議、政策推進労組会議）をつくり、ナショナルセンターへの準備的な活動（連合結成に向けた助走段階）を展開しました。そして五つ目はフィニッシュとしての連合結成という流れに沿って話をしようと考えています。

1・1　創生期

日本に資本主義が入ってきたのは二〇世紀初頭ですが、そういう流れの中で労働者の中にも、緩やかな階級意識といったものが芽生えてきたといえます。しかし、初期段階の労働組合や労働運動は、そういった労働者の自律的階級意識をもとに立ち上げられたものではなく、先行的な社会活動をやってきた活動家達の助言や影響を受けて、労働組合を結成し活動を進めてきたとみていいと思います。

具体的な動きとしては一八九七年（明治三〇年）に労働組織「期成会」が誕生しました。これは米国に出稼ぎに行った若い労働者が帰ってきて、経営者の言いなりではだめだということで、「労働は神聖」、「団結は力なり」といったようなことを第一号の機関誌で発表しました。

日本の労働組合の結成として、本格的なものといえるのは一九一二年（明治四五年）の「友愛会」の結成であり、これは後の「同盟」の源流になりました。

二〇一二年（平成二四年）に「友愛会結成一〇〇周年」のイベントがあり、私は「連合結成」のテーマで講演を頼まれました。その際に「友愛会」の歴史について調べていたら、「友愛会」の結成にあたって福沢諭吉[4]、賀川豊彦[5]など歴史的な人物が助言をしていることがわかりました。この二人は、国家主義に対抗する代表的なリーダーであり、単に労働組合論としての助言ではなく、「国家と国民の均衡の理念」を助言したものと思われます。

それ以降の時代は、国家主義、軍国主義が台頭して、労働運動や労働者階級の意識を押さえ込むような法律や動きがでてきました。戦前から戦後までの労働運動は、法律的にも擁護されておらず、団体交渉権を持たない労働組合が圧倒的でした。ちなみに組織率が最高だったのは一九三一年（昭和六年）の七・九％でした。

1・2　戦後の組合結成

（寺澤）戦後は労働組合法の制定や全部改正が行われた時代でもあり、大きな節目の一つと思いますが、当時の様子についてお話しください。その中でも、労働組合の活動の「記録」について、労働組合ならではの慣習やルール等がありましたら触れてください。

（藁科）戦後、民主主義確立のための占領政策の一環として労働組合の結成・育成がすすめられたことから、全国各地で雨後の竹の子のように労働組合が結成されました。そして、一九四七年（昭和二二年）には実に二万三、三二三組合五六〇万人、組織率は四五・三％に達したのです。

この状況は、労働者の自律的意識をもとに組合がつくられたものではないので、基本的な理念や組織の機構、財政基盤などは必ずしも整備されないままに結成されたと言えると思います。しかも特筆すべきことは、組織形態が他の先進国では類例のない企業単位労働組合が主体を占めることになりました。

しかしながら、労働組合が民主主義の確立のための推進団体のひとつとして位置づけられたことは、歴史的にも大変重要な意味を持っています。その目的に向けて活動を進めるためには、労働組合の組織の性格と運営自体が民主的基盤の上に確立されていなければ説得力を持たないからです。

そして、その状態を象徴的に示すものが、労働組合が掲げる「綱領・運動の目標」

であり、その内容は、ナショナルセンター、産別、企業別を超えて「政府、政党、企業などから独立した自主的組織としての主体性を堅持し、自由にして民主的な運動を進める」を基調として掲げています。したがって、労働組合の運動と運営は、限りなく民主的でガラス張りであり、運動の記録は「議事録」として残すことを組織的に義務づけられています。そしてその運動記録は、一〇年ぐらいを節目にして「運動史」として編纂することが通例になっています。

1・3　先進国後追い運動

（寺澤） 戦後直後から、いわゆる高度経済成長期において、労働組合や労働運動の特徴的な動きがありましたら、お話しください。

（薹科） 戦後、日本の経済・産業は戦禍の影響でまさに崩壊の状態でした。その状況から脱却するためのきっかけとなったものは、一九五〇年（昭和二五年）の朝鮮動乱特需であり、それをもとに日本の経済は一気に回復の軌道に乗りました。そしてその勢いに乗って高度成長につなげ、そしてさらに先進国に追いつき追い越す活動に発展させました。

戦後から六〇年代にかけてのわが国の活動は、経済、社会、技術革新など各面にわたって先進国の後を追う取り組みでありました。労働運動の面においても「ヨーロッパ並みの賃金」といったメイン・スローガンに象徴されるように、先進国に追いつけ追い越せの運動理念が基調でした。そしてようやく経済規模、所得水準などでは先進国の水準に肩を並べる段階にまで至りました。しかし一方で国際化の進行、急速な少子高齢化などを背景にして、長時間労働、環境破壊、交通災害、高齢化と社会保障、財政破綻、そして政治改革などが避けて通れない重要課題として浮上してきました。これらの課題は、まさに国の基本政策にかかわる課題であり、その改善のためには労働組合としても、企業、産業レベルを超えた全国的な活動展開が必要です。そのためには労戦統一を早急に実現して、課題改善のための政策と力を持たなければならないとする危機意識が一気に高まったのです。

1・4　連合結成に向けた助走的活動

（寺澤）「国の基本政策にかかわる課題」によって、「危機意識」が生まれ、その課題の改善のために「労戦統一」の実現が必要であるとの流れを確認することができました。その後の具体的な動きにつきましてお話しください。

（藁科） そのような情勢を背景とした危機感から一九七〇年（昭和四五年）一一月に民間六単産（電機、鉄鋼、全鉱、全金同盟、電労、全機金）による「統一世話人会」が発足しました。そして拡大世話人会を経て一九七二年（昭和四七年）民間単産連絡会議（二二単産会議）へと発展しました。この一連の動きは、戦後における労戦統一の具体的かつ本格的な取り組みとみるべきものでした。しかし、この取り組みも最終的には、路線とスト権ストの是非をめぐる総評と同盟の対立によって話し合いは不調に終わり、「清田メモ」による必死の調整努力もありましたが、一九七三年（昭和四八年）七月ついに発足後二年九カ月で解散を余儀なくされたのです。

しかし、この取り組みは結果的に挫折しましたが、後に繋げる種火と貴重な教訓とを残しました。

連絡会議に名を連ねた有志組合の危機意識をもとに、一一月「民間労組共同行動会議」が立ち上げられました。そして、その流れを拡大発展する形で一九七六年（昭和五一年）一〇月「政策推進労組会議」が発足して統一への種火を受け継ぎ、「経済政策」、「雇用」、「物価」、「税制」を重点政策に掲げて積極的な行動（政府交渉、大衆行動、各界への申し入れなど）を展開することになりました。このような共同行動の展開と地域民労協や全民懇などとの連携活動が相まって労戦統一への大きなうねりが巻き起こったのです。

特に政策の企画・立案面では、「現代総研」との連携をもとにリード役を担ったのは、千葉利雄政策委員長（鉄鋼労連）でした。そして大衆行動で圧巻だったのは一九八一年（昭和五六年）七〜八月にかけて地方民労協との連携で展開された大阪〜東京間の「生活安定大行進」です。この取り組みは多くの国民の共感を呼び、連日マスコミにも大きく報道されました。この大衆行動で中核的な役割を担った大阪民労協をリードしたのは、片岡肇（関西電力）、篠原健蔵（住金）、高畑敬一（松下）の委員長トリオでしたが、特に高畑委員長は大阪から東京に至る間、終始行進の先頭に立って活動した行動力は社会的にも注目を集めました。

さらに政府交渉についても四団体（総評、同盟、中立労連、新産別）とは別の交渉団体として認知させ、省庁別に個別の交渉窓口を設定して、継続的な交渉を展開するなど旧来のナショナルセンターとは違った粘り強い取り組みを進めたのです。

（寺澤） 政策推進労組会議と旧来の四団体との大きな違いはどのような点でしょうか。特に政府が対応すべきとする交渉団体として認知されるようになった経緯はどのようなことでしょうか。

（藁科） 政策推進労組会議が対政府交渉団体として認知された理由は二つあると思います。そのひとつは「現代総研」との連携をもとに提起した政策は、今までの四団体の政策とは違って国際化を背景とした情勢と課題などを克明に分析していて、その内容は政府、経済界が強い関心を示すほどでした（具体的な政策と交渉内容は『政推会議運動史』参照）。加えて四団体の場合は政策や課題によって、意見の違いがあって政策合意ができないことがありますが、政策推進労組会議の場合はその心配は不要であり、継続的に交渉を進める基盤が整っていたことも好条件となりました。

もう一つは、政治情勢の激変です。一九七六年の二月に米国議会（外交委員会）で発覚したロッキード事件は、前首相を含む大汚職事件に発展して国会、社会、国民に多大の影響とショックを与えました。マスコミにも連日大きく取り上げられ、世界各国にも報道されました。政界はその渦の中に巻き込まれて、三木内閣の退陣、福田内閣の誕生、そして総選挙、自民党の大敗北、衆議院での与野党伯仲の状況となりました。そうした激変の中で誕生した福田内閣は、政策推進労組会議の結成と動向に強い関心を寄せていました。

このような連合結成に向けた助走的な活動を統括的に取りまとめ、自ら先頭に立って果敢な活動を展開したのは、後に全民労協、連合の事務局長として健闘した山田精吾事務局長（政策推進労組会議）でした。そして、山田事務局長の手足となって政策立案や各省庁との折衝を粘り強く進めたのは、村上忠行（電力）をはじめ鷲尾悦也（鉄鋼）、草野忠義（自動車）、笹森清（電力）、佐分利一昭（ゼンセン）、梅原史朗（電機）、龍居靖幸（ガス）、柏木康次（造船）、名井博明（航空）など連合結成後も活躍した面々（詳細は、運動史参照）でした。

このような新たな共同行動の展開によって築かれた実績と信頼関係が、次の連合結成への基盤固めとして大きく寄与したことは間違いありません。

その輝く活動は『政推会議運動史』（（公社）教育文化協会編）の中に詳細にわたって記録されていますが、特に政策企画、対政府交渉、大衆行動の展開に関しては、これからの連合の運動にとっても参考になる内容ばかりです。そして「連合結成」成就の手順として三段飛び（全民労協・民間連合・官民連合）の効用が指摘されていますが、「政推会議」はその三段飛びの結果を決定づける「助走」の役割を見事に果たしたといえます。この貴重な歴史的記録を運動史としてまとめるために格別ご尽力いただいた矢加部勝美、飯田康夫、菅井義夫の三氏に改めて感謝したいと思います。

1・5　連合結成

永い間労働界の悲願であった労戦統一は、一九八九年（平成元年）一一月二一日ついに実現して八〇〇万人の労働者が「連合城」のもとに結集し、わが国の労働運動史に画期を成す節目として刻印されることになりました。これは労戦統一のきっかけとなった一九六七年（昭和四二年）の宝樹提唱（宝樹文彦元全逓委員長）から実に二二年に及ぶ長い歳月と歴史的積み重ねを経たうえでのことでありました。

2．連合結成の事情と背景

（寺澤） 次に、労戦統一や連合結成について、お話しください。特に労戦統一を前進させる目的で結成された総連合（中立労連・新産別）の役割、統一までに留意したことについて触れていただきたいと思います。

2・1　連合結成に向けた道筋と手順の整備

（藁科）「連合は一日にして成らず」であり、再び失敗を繰り返さないためには、過去の失敗の反省と教訓をもとにした周到な準備と慎重な手順とが必要でした。そこで総連合（中立労連・新産別の連合体）は、まずもって労働団体間の話し合いを進め、その合意のもとに民間先行結集に向けて討議する場として「労働戦線統一推進会」（略称：統一推進会）が設置されました。そして、統一に向けての本格的な論議がスタートを切ることになりました。

統一推進会は、原則的に月一回、「基本構想」の合意までに一三回、さらに統一準備会に向けての論議や「基本構想」発表後の団体間協議の状況報告を含めて、統一準備会直前まで計一七回に及ぶ熾烈な論議を重ねました。

仲介役としての総連合が過去の経験と教訓をもとに特に留意したことは、次の諸点でした。

・総連合は、総評、同盟に次ぐナショナルセンターを目指す意図は全くなく、両団体をつなぐ触媒的役割に徹し、目的を達成したら解散する決意である。
・現実的な手法として民間先行方式で論議を進め、可及的速やかに全的統一に発展させる。
・論議の手順としては、団体間の話し合いを進めその合意のもとに民間の論議を進める。
・「基本構想」策定にあたっては、総評と同盟の綱領を足して二で割るような方式ではなく、新たな時代に対応できる理念と政策を新たに創造していく。「故事」にある「混然として中処す」の理念を貫く。

2・2　論議の手順：荒野に鉄道を敷く

すべて団体間（ナショナルセンター）で話し合いたいと考えている総評と、対照的に民間単産間で話し合いたいとする同盟を同じテーブルについてもらうにはどうしたらいいのか、クイズみたいな話です。過去の教訓から言えることは、どちらも欠くことのできない論議の場であり要は手順の問題ですから、この際感情的にならず頭を冷やす意味であえて「荒野に鉄道を敷く」イメージでマンガにして書いてもらいました。まず土地が決まったら砂利運び（団体間）をする。砂利で土台が固まったら枕木運び（単産間）に移る。次に線路は狭軌（民間先行）で試行し、できるだけ早く広軌（官民）に切り替える、その流れをマンガにしたのです。

2・3　行き先表示板

次に列車の前面には行き先表示板（基本構想）を掲げ、構内・車内には停車駅（主要な政策）を掲示するといったイメージです。

一九八〇年（昭和五五年）ごろ福田赳夫さん[6]に労戦統一の話をする機会があって、この漫画を使って説明させていただきましたが、とても「わかりやすい」と好評でした。

2・4　三段飛び

手順ということでは今回の連合結成は三段飛びによく例えられています。まず一九八二年（昭和五七年）に緩やかな協議会として全民労協を立ち上げ、信頼関係の深まりと政策制度改善に一定の実績を上げながら一九八七年（昭和六二年）に民間連合を結成しました。

そしていよいよ総仕上げとして一九八九年（平成元年）に、念願の官民統一が成就したわけです。まさに三段飛び（ホップ・ステップ・ジャンプ）の手順が至難の労戦統一を成功に導いたといえると思います。

2・5　イデオロギーの源流

戦後の労働組合は、既にふれたように労働者の自律的階級意識をもとに立ち上げられたものではなく、占領政策の一環として組合の結成・育成がすすめられたことから、戦前からのイデオロギーの影響を受け、共産党系の産別会議と、社会党系の総同盟の源流をもとに活動がすすめられました。しかし、共産党から労働組合の自主・自立性を脅かすような介入があって、産別民主化運動の引き金となりました。電機でも東芝、松下のようにそうした介入を排除するための激しい抗争が繰り拡げられたのです。

併せて、一九五〇年代中盤頃からすすめられたレッドパージの影響も受けて、産別会議は凋落の道を歩むことになりました。

一九五〇年（昭和二五年）「総評」が結成され、発足当初の国際労働組織への対応は「国際自由労連」指向でした。しかし、運動推進の過程の中で社会主義圏労組との交流が拡がり、世界労連にも関心を持つようになって、当初の「国際自由労連」指向の旗を降ろしてしまったのです。この動きに怒ったゼンセン同盟、海員組合などは「総評」から脱退し「総同盟〜同盟」の方へ移ったのです。この一連の「総評」の路線転換については、マスコミでも「鶏がアヒルに変身した」と揶揄される場面もありました。

2・6 イデオロギーからの脱却

（寺澤）「イデオロギー」について、人間の行動を左右する根本的な物の考え方や信条と捉えてお聞きしていますが、労働組合や労働運動において、イデオロギーに関する変化や動きがありましたら、そのきっかけや背景を踏まえてお話しください。

（藁科） 戦後の労働運動の過程で特定政党の過度の介入があり、その体験から労働組合自体の中に組織の主体性を堅持するための危機感として「労働組合主義」の理念が台頭しつつありました。そしてその「労働組合主義」の理念は、今回の統一推進会における論議の重要項目のひとつにも挙げられていました。しかしながらその理念・意識についても総評と同盟とでは支持政党の違いもあって温度差があり、労戦統一の際どい論議の場面でその温度差が対立の火種になることがしばしばありました。

そうした状況の中で、政労使各分野に強い影響力を持つ大河内一男先生の「イデオロギーからの脱却」に関する示唆に富んだメッセージが発信されたことは、社会的にも強烈なインパクトを与えました。

一九七〇年代の終盤に芝の中退金ビルで「最近の退職金の動向」を報告して質疑が終わろうとしている時に私の手元にメモが届きました。メモの内容は、「質疑が終わったら労働協会の会長室によってください」でした。会長室に行くと大河内一男先生が、大要次のような助言をしてくださったのです。

（大河内先生が言うには）また労戦統一の論議がすすめられているようだが、是非心がけてもらいたいことがあると述べられて、次の三点について触れられたのです。

（1）日本の労働組合が幾度となく挑戦しては挫折してきた労戦統一失敗の第一の理由は、イデオロギーに色濃く支配されてきたことである。イデオロギーというのは、言葉そのものが独り歩きをして組合員を惑わしてしまう。日本には社会主義による革命そのものが労働運動の本流であるかのようなイデオロギーが蔓延してきたがこれでは組合員はついてこない。

(2)戦後における我が国の労働運動は、官公労主導のもとに発展してきたが、内外の環境が著しく変わった今日、民間組合がもっとしっかりしなければいけない。労戦統一の取り組みについても、もっと国際的な情報・認識をもとに民間組合が発言力を強める必要がある。

(3)これからの労働運動が柱に据えるものは、イデオロギーではなく政策である。統一した労働組合は、国際的な視野に立った政策をまとめる強固な体制を確立する必要がある。

この助言は、静かな口調の中に日本の労働組合と労働運動の弱点とアキレス腱を看過なく指摘していて、反論の余地は全くありません。そしてこのメッセージの真意は、イデオロギーそのものを否定しているのではなく、押し付けられた特定のイデオロギーを信じ込む弊害と危険性に対する警告として受け止めました。それ以降、この助言は天から届いた厳しい忠告として私の脳裏に焼き付き、統一に向けての過程で何度も思い起こしては噛みしめました（関連記事二〇一五年六月二一日付『日本経済新聞』、二〇一五年九月二六日付『読売新聞』）。

今次労戦統一の基本的理念を示す「基本構想」の論議をする統一推進会は、一九八〇年（昭和五五年）九月三〇日にスタートしました。そして、二回目の論議ではまずもって、過去の取り組みの反省に立って、統一に向けての阻害要因となった課題の整理と分析から論議が始まりました。そして、統一論議を進めるためには、なによりも基本的な「情勢認識」を一致させておくことが前提であるとして、四つの柱を確認しました。

（1）過去の論議と取り組みの反省を厳粛に行う。
（2）環境変化、格別、国際化の進行に伴う情勢分析と役割の認識。
（3）環境変化と構造変化に伴う課題（物価、税制、長時間労働、高齢化と社会保障、環境破壊など）に対する政策と活動推進の必要性の認識。
（4）新たな環境と時代に対応するためには、旧来の殻を破った運動（理念・行動）を再構築する必要性の認識。

統一推進会は、この「情勢認識」の一致のもとに論議を重ねて、別紙（巻末に資料として収録）のような「基本構想」をまとめましたが、この論議を進めるにあたっても大河内先生からの助言は大きな支えになりました。

2・7　強力な応援団の支援

（寺澤） 労戦統一の取り組みに関わった協力者、支援者につきまして、より具体的にお話しください。例えばその協力者と労働組合との活動面での有機的なつながりや、財政基盤等についても触れていただきたいと思います。

（藁科） 今次労戦統一の取り組みにあたって、積極的に支援してくれた強力な応援団の存在は特筆されなければなりません。特に「現代総研」と「労働問題研究会」の存在と強力な支援活動は、どれほど労働界に強い刺激と勇気を与えてくれたことか計り知れないものがあります。

2・8　現代総合研究集団（略称：現代総研）

現代総研が発足時に示した「情勢認識」は次のような内容でした。

「戦後から六〇年代にかけてわが国が展開してきた先進国への後追いの戦略が相応の成果を挙げて、経済規模、所得水準などにおいては肩を並べる水準に至った。しかしながら同時に、環境破壊、交通災害、社会保障・社会福祉、過密・過疎、長時間労働、そして財政破綻など解決しなければならない多くの重要課題に直面している。これらの課題を改善するためには、旧来の発想の延長ではなく新たな時代要請にこたえうる社会システムの構築と思考・行動両面における大胆な改革が必要である。」

その認識のもとに国民的目標（ナショナルゴール）を再構築するために、学者・研究者・ジャーナリスト、そして労働組合関係者の共同研究の場として労働組合の基金のもとに「現代総研」は一九七二年（昭和四七年）に立ち上げられました。

初代の代表幹事には、大河内一男、松前重義、事務局長には長洲一二の陣容でした。そして一九七五年から事務局長に正村公宏、一九九四年から会長に正村公宏の布陣となりました。

大河内先生とともに代表幹事に就任された松前重義先生は、現在東海大学総長の松前達郎先生の父親にあたる人で、私は何回かお会いする機会がありましたが、戦争中に東条英機（陸軍大将・首相）と激論を交わして、南方に二等兵として左遷派遣されたというエピソードが伝えられるほどに、気骨に富んだ人物でした。また、一貫して「現代総研」の屋台骨的役割を担った正村先生は、わが国の経済学界を代表する学者の一人であるばかりでなく、新たな時代の要請にこたえる先見性と機敏な行動力は卓越しており、学界はもとより各省庁の官庁エコノミストたちからも尊敬される人物でした。また、政策ごとの分科会のまとめ役についても正村先生と連携のある鶴田俊正先生（早大）、神代和欣先生（横浜国大）などが積極的に支えてくれました。さらにジャーナリスト界の長老矢加部勝美、芳村庸介両氏の存在は、長い間の評論家実績への評価、労働問題、労使関係に対する深い見識、労使両面に豊かな人脈などがあって、発信力の強化の面でも組織体制に厚みを加えるものとなりました。

労働組合としては、組織の中に理事と政策担当者を配置して、政策が迅速に組織へフィードバックされるように取り組みました。

一九七三年（昭和四八年）一〇月に勃発した第四次中東戦争の影響により諸物価が急騰し、日本経済は超インフレの渦の中に巻き込まれました。世情騒然とする中で発足間もない現代総研は、「年金改革」や「緊急インフレ対策」などを積極的に提言として発表しました。これらの提言はマスコミの反響も大きく、現代総研の名を一気に世の中に知らしめるものとなりました。現代総研三〇年の歩みは、国家、社会に強烈なインパクトを与えましたが、特にわが国の労働運動の歴史にとって、切っても切れない関係にあります。政策推進労組会議から全民労協、そして連合結成後も含めて、現代総研の先見性に富んだ大胆な政策提言は、連合運動の政策面でのバックボーンの役割を果たしたと言っていいと思います。さらに連合結成後に至っても「連合総研」の足らざるところを補い支えたといっても過言でないと思います。

二〇〇二年（平成一四年）現代総研は、歴史的使命を見事に果たして三〇年に及ぶ輝かしい活動の歴史を自ら閉じました。しかし、その先を見据えた基本理念と活動実績は「連合総研」などに継承されて永遠に生き続けていくに違いないと思います。

2・9　労働問題研究会

現代総研の発足からやや遅れて一九七五年（昭和五〇年）に労働運動が直面している諸問題の実証的な解明と理論的整理、並びに具体的な問題提起などを目的とした研究の場として「労働問題研究会」が設立されました。そして当研究会の理論誌として『現代の労働』を発行することになりました。この研究会の設立趣旨については、理論誌に全文紹介されていますが、設立趣旨に賛同した学者・研究者は大河内一男、隅谷三喜男両先生をはじめわが国の経済学、労働経済学界を代表する錚々たるメンバー五三名の名が並んでいます。そして運営委員として実践面の企画と運営、さらに理論誌の編纂をリードする担当として労働問題の理論と調査研究の両面で評価の高い氏原正治郎、高梨昌（企画会議は山田精吾、藁科満治を加えた四人）両先生が担う豪華な顔ぶれでした。労働組合にとってこの陣容は大変頼もしい限りですが、裏を返せば名を連ねた学者たちの時代変革に対する危機意識と労働運動の先行きに対する懸念の思いが象徴的に示されたものと言えるかもしれません。

当研究会の活動は逐次軌道に乗り、労働問題の調査研究の面で取り上げた「労働者意識の国際比較」（電機産業先進国対象）のテーマは、「労使関係学会」、「東大社研」からも注目され、労使双方から強い関心が寄せられて、マスコミにも大きく報道されました。

また理論誌『現代の労働』には労戦統一をテーマにした各団体のトップによる座談会や体験談などが毎号組み込まれ、各組合の役員や活動家から大変注目されて好評でした。このような学者たちの積極的な支援活動に支えられて、わが国の労働運動は着実に成長し、連合結成に発展結実した歴史の歩みを決して忘れてはならないと思います。

2・10　労働社会問題研究センター

一九七八年（昭和五三年）三月に発足した「労働社会問題研究センター」（略称労働センター）は、二つの目的を持っていました。ひとつは、労戦統一の実現であり，もう一つは連合政権樹立に向けて社会党改革をはじめとする野党政治戦線の発展・強化に寄与することでした。

そのために発足と同時に「黄色い雑誌」として親しまれた『社会労働評論』を毎月刊行しました。構成メンバーは、「現代総研」、「労問研」など外部からの支援団体とは異なり、発足趣旨に賛同する団体間を超えた官民有志組合（代表幹事は山岸章、藁科満治）のメンバーであり、いわば労戦統一を水面下で支える躍動体といっていいと思います。そして労働界以外から参加して事務局長兼編集長として活躍した森田実氏（政治評論家）の存在は極めて大きなものがありました。

労働センターが発足した一九七八年（昭和五三年）当時は、スト権ストをめぐる総評と同盟の対立の後遺症に加えて、一九七七年（昭和五二年）一一月の臨時国会における「特定不況業種に対する離職者臨時措置法」に対する総評の対応が他団体の怒りを買い、四団体共闘は崩壊、まさに「労働界・冬の時代」といわれた厳しい時期でした。そのような状況の中で、一九七九年（昭和五四年）二月労働センターは早くも槇枝総評議長、天池同盟会長、竪山中立労連議長、小方新産別委員長の四団体トップを集めて、七九春闘セミナーを開催し社会的に注目を集めました。

さらに一方では、『社会労働評論』の誌面を広く開放して、社、公、民、連のリーダーたちの声を座談会、パネル討論、インタビューなどの形で世間に紹介しました。このように労戦統一や野党戦線の連携強化に向けての地道な取り組みを粘り強く続けたのです。特に労戦統一をめぐる中央の厳しい論議の段階でも、労働センターのメンバーは常に相互の信頼関係を深めて、中央の取り組みを強力に支えたのです。

このような水面下の躍動が連合築城に大きく貢献したことは言うまでもありません。

2・11　一部に生じた組織分裂

(寺澤) 連合結成をめぐっては、負（傷）の面は全くなかったのでしょうか。差し支えない範囲で結構ですので、お話し頂けますでしょうか。

（藁科）大変重要な指摘です。連合結成をめぐっては、すべてが丸く収まり万々歳というわけにはいきませんでした。特に最終段階の官民結集の場面においては、総評官公労と同盟全官公、そして民間連合を交えて激しい論議が展開されましたが、結果的に最大組織自治労の「連合参加」の決断が官公労組の流れを決定的なものにしたことは間違いありません。しかしながらその論議の過程の中で自治労、日教組など一部に組織分裂が生じたことは、今次労戦統一の負（傷）の面として厳粛に受け止めなければならないと思います。このように自治労、日教組などの「連合参加」の決断は、まさに身を削っての苦渋の選択でもありました。

この組織分裂の要因は、自治労、日教組などの反主流派組織の統一懇（共産党系労働組合）などが「統一推進会」がまとめた「基本構想」に反対して「連合不参加」を表明したことが紛糾の発端となりました（『語り継ぐ連合運動の原点』二九～三五ページ参照）[7]。

今次労戦統一の取り組みは、再三触れたように過去の取り組みの反省と教訓を活かし周到な準備と手順を踏む中で進めてきました。そして、団体間の話し合いのもとに「民間先行方式」で取り組むことを合意し、そのための論議の場として「統一推進会」の設置を確認しました。

「統一推進会」は、一七回に及ぶ熾烈な論議を重ねましたが、その都度論議の内容は各委員が必ず関係団体（総評、同盟、中連など）に報告・議論をして、その結果をもとに次の委員会に臨む方式をとりました。特に総評の場合は、統一推進会の論議の都度「民間単産会議」を開催して報告・論議を重ねて、総評本部三役と協議する手順を重ねました。そのような慎重な運営と手続きを経てまとめられた「基本構想」に対して、統一懇などが「右翼的再編」と一方的に決めつけたことが分裂の火種（原因）になりました。

3. 原点を振り返る

3・1 原点を振り返るきっかけ

（寺澤） 次に、連合における結成までの歴史や原点に対する「振り返り」についての考えをお話し下さい。例えば、『語り継ぐ連合運動の原点』が編纂された経緯や背景についてお話しいただきたいと思います。

（藁科） 今から一〇年余り前、二〇〇九年（平成二一年）連合結成二〇周年記念パーティーの席上のことでした。労働ペンクラブの会長、長老格の学者とジャーナリスト数名の方が私の席に見え、大要次のようなご意見を述べられました。「今演壇でイベントをリードしている執行部の皆さんは、連合結成当時のことはほとんど知らない。結成までの経過と曲折については全く知らない。連合発展のためにその原点と歴史をしっかり語り継いで行く必要があるのではないか」といった助言であり、厳しい苦言でもありました。

私自身もかねてより当時の事情を語り継いでこなかった反省もあって、早速当時の事情を知るメンバー（主として統一推進会関係者）と相談しましたが、すでに高齢で体調の事情（宇佐美、塩路氏）もあって効果的な協議は不可能であることがわかりました。そこで二〇一一年（平成二三年）末、連合会館に古賀伸明会長を訪ね、これまでの経過を伝えて今後の対応について話し合いました。幸い古賀会長も二〇周年の体験を経て、改めて結成の原点を振り返って学習したいという意欲を持っておられ、翌年年明けからの具体的な対応策を提示してくれたのです。

早速、翌年早々に連合本部の主要メンバーを対象として、連合結成の原点について語り継ぐ場を設けてくれました。報告とそれに対する質疑が長時間続きましたが、特に労働界以外からの支援活動についての質問が多かったように記憶しています。

この取り組みを契機にして、執行部は、結成二五周年に向けて改めてその原点を振り返るために、平面的な二五年史の編纂に代えて『語り継ぐ連合運動の原点』を編纂することを決め、そのためのオーラル・ヒストリーと座談会を実施しました。そのような事情と経過からまとめられた冊子『語り継ぐ連合運動の原点』の編纂・出版は組織内外から大きな反響を呼びました。そしてこの冊子はマスコミにも大きく取り上げられ、また多くの大学や学者たちからも注目を集めました。

3・2　原点の振り返りに欠かすことの出来ない人物について

（寺澤） 労戦統一の中で、大きな役割を担った組織として「統一推進会」を挙げられていますが、その構成メンバーの選出基準と役割についてお話しください。特に、キーマン（重要人物）がいれば紹介してください。

（藁科） 改めて連合結成の経過を振り返ってみると、今次労戦統一論議の核心は、統一推進会の論議にあったといえると思います。繰り返し触れてきたように、統一推進会は、団体間の合意のもとに「民間先行結集」に向けて論議する場として認知されたことから、その職責の幅と重みは一気に拡大することになりました。そして統一推進会は、熾烈な論議を重ねた末にその職責の果実として「運動の路線と方向を示す『基本構想』」をまとめ、いわばわが国の労働運動史上画期的な「金字塔」を打ちたてたのです。

それにしても、今回当初総連合を仲介役として始まった団体間の話し合いの段階においては、端的に言って総評は「全的統一こそ労働戦線統一」の錦の御旗を掲げ、同盟は「同じ志を持った労働組合の結集こそ労働戦線統一」と主張していました。その厳しい乖離と対立を忍耐強く丁寧にひとつひとつ埋める役割と使命を統一推進会は見事に果たしたといえると思います。その間における統一推進会を構成する六人の努力と苦労は筆舌に尽くせぬものがありました。作業委員として少し距離を置きながら、その経過と雰囲気を見ていた一人として感じることは六人に共通する「今回は何としても労戦統一を成し遂げる」といった使命感と責任感の存在です。

統一推進会の六人は、宇佐美忠信（同盟）、塩路一郎（純中立）、竪山利文（総連合）、中川豊（総評）、中村卓彦（金属労協）、橋本孝一郎（化学エネルギー労協）（五十音順）であり、それぞれ所属する背後の団体・グループを代表する職責を担って選出されました。その横顔は、拙著『連合築城』（詳細は参照）で紹介したように、決して穏やかで似た性格の持ち主ではありません。むしろそれぞれに強い個性の持ち主です。その六人がこの難しい土俵の上で力を出し切れたのは、次のような危機感を共有していたからだと思います。

・イデオロギーから脱却して、内外の環境変化を直視しよう。
・原則は大事だが、小さな統一では意味がない。
・背後の団体・グループの動向は大事だが、この六人の合意こそ統一への出発点だ。しかもメンバーの大半は定年間際であり、これが最後の挑戦の機会である。
・どれほど激しい論議をしても、決して感情的にならないようにしよう。

このような緊迫した危機感の共有が六人の信頼関係につながったのではないかと思

います。併せて統一推進会については、対立する課題の厳しい論議の際には、特定のキーマンが強引にリードするのではなく、その役割と機能を補完する面から作業委員会を活用して論議内容の文章化を通じて合意を引き出す手法をとったことがプラスに作用したといえるかもしれません。

しかし一方で労戦統一は、組織と組織、人と人とをつなぐ活動です。そういう面から言えば、その仲介役を担う人間の人格、人間性といったものが非常に大事です。先ほど紹介しました六人の中で、今回、団体間の話し合いの仲介役を担ったのは、中立労連、総連合の議長でもあった竪山さんです。総評の議長や同盟の会長が仲介役をやろうというわけにはいきません。たまたまその仲介役を担う中間のポジションに竪山さんがいたわけです。竪山さんは人間的に幅のある人で、人の批判は絶対にしません。出身は鹿児島で西郷隆盛みたいな雰囲気があって、そんなところが総評、同盟両方から好感を持たれた理由かもしれません。ただ話をすると八方に気を配ってしゃべるため、長くなったり同じことを繰り返したりする癖があり、陰で「山手線」などと冷やかす人もいましたが、これも愛嬌のひとつかもしれません。日教組の槙枝議長と仲が良かったし、それ以前には太田元総評議長とは格別親しい仲でした。一方同盟関係については、天池会長、宇佐美会長とは囲碁を打つ仲でした。さらに、竪山さんのように官民両方と深く交流している人間は労働界では見当たらないと思います。この特色は出身労組電機連合の伝統といえるもので、その遺伝子が私にも伝授されているらしく、私も官民両方の幹部と何の抵抗もなく深く交流してきています（「官民は互いに何を学びあうか」『現代の労働』所収）。

胸を張って語る程の話ではありませんが、そうした伝統と生き様が官民両方から親近感を持たれたのかもしれません。

3・3　原点にまつわるエピソードについて

（寺澤） 連合結成を振り返るにあたり、これまでの聞き取りの中で、まだ取り上げていない当時の課題やエピソードがありましたら、お話しいただきたいと思います。

（藁科）「基本構想」の締めくくり論議の難題のひとつに「国際連帯組織」のテーマがあり、「国際自由労連指向」を明記するかどうか論議の曲折がありました。そして無理に結論を出さずに課題を先送りにし、連合結成後に決定することにしました。ところが連合結成の一九八九年（平成元年）は、世界的にも冷戦の終結、ベルリンの壁の崩壊などがあって、自由と民主主義の高揚感に包まれる節目になりました。そうした情勢の大転換を背景にして、社会主義系の労働組合「世界労連」が勢いを失することになり、連合結成後に持ち越した難題「国際連帯」は、「国際自由労連」加盟で難なく収まりました。全く予期していなかった歴史的激変の中での一ページでした。

その他には、国際連帯活動の一コマとして連合結成後初めて参加したレイバーサミットのエピソードが印象に残っています。フランスのジスカール・デスタン大統領[8]の提唱によって、「先進国首脳会議」（サミット）がランブイエで初めて開催されたのは、一九七五年（昭和五〇年）一一月でした。開催の趣旨は、「第一次石油ショックによるインフレと世界経済の混乱に対して国際協力を通じて解決する」ことにありました（近年サミットは、経済問題にとどまらず、平和、安全保障、環境問題などにも広がっている）。

そして二年ぐらいサミットが進んだ段階で、各国の労働組合の代表が、サミットは労働者側にしわ寄せをするような結語ばかりではないかという危機感が高まり、それを抑止するために事前に労働側として備える必要があるという問題意識を持つに至りました。そして、一九七七年（昭和五二年、ロンドンサミット）からサミットの直前にレイバーサミットを開催して、主要国労働組合としての意思統一をはかり、それをサミットの議長に申し入れをするというシステムが定着しました。

レイバーサミットには、各国のナショナルセンターの代表が参加するわけですが、日本は労働界が分裂していたために、総評、同盟、中立労連の代表三人が参加するという恥ずかしい状態が連合結成まで続きました（フランスも一時複数出席）。

一九九〇年（平成二年）、連合が結成されて第一回目のサミットはヒューストンサミットですが、その直前のレイバーサミットはワシントンで開かれ、山岸会長の体調の関係で私が代行して参加しました。レイバーサミットでは、米国ＡＦＬ－ＣＩＯカークランド会長の「連合結成後初めてのサミットなので、ブッシュ大統領（サミットの議長役）に対する申し入れの際には、連合代表にも発言の機会を与えたい」とする提案が合意されました。申し入れの場所はホワイトハウスで行われ、ブッシュ大統領（父親）に対してカークランド会長から一五分総括的申し入れをした後、私から五分意見を述べました。じっくり準備する時間もないので思いつくままに、「不況局面における対応の仕方、格別雇用対策の前に打つべき金融政策」について意見を述べました。会議が終わった後、ブッシュ大統領がわざわざ声をかけてくれ、「出された意見は、確かにサミットに伝える」とコメントしてくれました。後日その場面の写真にサインをして送ってくれました。その写真は、昨年の三〇周年展示資料として使われたように聞いています。

4. 結びに代えて

（寺澤） 連合結成の原点にあたる一九八九年（平成元年）、その二五年後にまとめられた振り返りを踏まえて、今回の取組みを受けての感想等につきまして「結び」としてお話し下さい。

（藁科） 永い間労働界の悲願であった労戦統一は、一九八九年（平成元年）一一月二一日「連合築城」として実現し、わが国の労働運動史に画期を成す節目として刻印されることになりました。これは労戦統一のきっかけとなった一九六七年（昭和四二年）の宝樹提唱（宝樹文彦元全逓委員長）から実に二二年に及ぶ長い歳月と歴史的積み重ねを経たうえでのことです。

今回統一実現に成功した主たる理由は、様変わりした環境変化に対する危機意識の高揚と過去の経験を教訓として活かしたことにあります。加えてその成功は労働界の力だけではなく、シンクタンクや学者・研究者・ジャーナリストなどの手厚い支援に支えられたことを決して忘れてはなりません。そして、そのような動きの動機となったものは、学者・研究者たちの国内外の環境変化に対する危機意識と資本主義体制のもとでの労使の力関係の均衡に対する懸念であったと思われます。

併せて、今回の労戦統一の取り組みは、民間労組が先行結集してそこに官公労組が合流する方式をとったことの意義と問題点についても触れておかなければならないと思います。まず、民間先行方式を選択した労戦統一の戦略判断は、結果的に成功したといえます。官民が置かれている状況からみて、内外の環境変化、格別国際的な状況に対する情勢認識、危機意識に関しては、官民の間に大きなギャップと位相のずれがありました。そしてそれが労戦統一に取り組む官公労組の姿勢に影響を与えたといってても過言ではないと思います。そうした事情から見れば、民間先行結集の戦略判断は現実的であり、論議を展開する面からも有効適切であったといえます。

一方で、この戦略の選択は、官公労組の環境変化に対する情勢認識と労戦統一への課題認識の深まりへの阻害要因となり、疑心暗鬼からくる不信感を生んだことは否定できません。また総仕上げとしての官民統一の最終段階においては、総評・官公労と同盟・全官公、そして民間連合を交えて熾烈な論議が展開されましたが、結果的に最大組織自治労の「連合加盟」の決断が官公労組の流れを決定的なものにしたことは間違いないと思います。しかしながら、その熾烈な論議の過程の中で、自治労、日教組などに組織的亀裂（分裂）が生じたことは、歴史の厳しい断面として指摘しておく必要があります。このように自治労、日教組など官公労組の「連合参加」の決断は、まさに身を削っての苦渋の選択でもありました。

永年の悲願であった「連合結成」は、「わが国の労働運動史に画期を成す節目」と前述しましたが、それが特定の団体や支持層にのみ通用する価値判断に基づくものであっては、決して説得力を持つ歴史の記録とは言えません。より国家・国民的視点に立った明暗両面を相備えた記録として刻まれてこそ客観的に説得力を持つ歴史として理解されると思います。この運動史の記録は、そのような視点に立って、連合結成時に直面した官公労組など一部に生じた組織的亀裂（分裂）など負（傷）の断面についても、生むための苦しみの過程として明確に記録に残すことにしたのです。

結びの締めくくりとして触れておきたいことは、「歴史を振り返る」ことの意義と重要性についてです。連合結成に向けた論議を振り返る程に、対立した課題の底流にはそれぞれの団体・組織が戦前から引きずってきたイデオロギーや運動理念の影響が色濃く残っていることを改めて認識させられました。つまり「歴史を振り返る」ことなしに課題の本質を解きほぐすことはできないことを改めて学びました。

最後に「連合結成」は終着点ではなく出発点です。そして労働運動、労使関係は永遠に続きます。本当の意味での連合運動の真価が問われるのはこれからです。これから一〇年後、二〇年後に「連合結成は労働者と国民のために本当に良かった」といわれるように、常に結成の原点を振り返り活動実績を着実に積み上げていって欲しいと願っています。併せて、過去の知恵と資産に頼るばかりではなく、到来する新たな時代、時代に適応する新機軸（思考・行動）を創造していく取り組みを積極的に進めていって欲しいと期待しています。

最後に改めて「国立公文書館」に対して心から感謝したいと存じます。今回、「労働運動史を記録に残す」企画のもとに、「連合結成を基軸にした労働運動史を語る」

場を設定していただき、ヒアリング、収録、文章化などあらゆる面で温かいご高配を賜りました加藤丈夫館長並びに寺澤正直さんに対して心から厚くお礼を申し上げます。ヒアリングに対する「語り」が企画の趣旨に沿うものになったかどうか心配ですが、この記録がわが国の歴史にわずかばかりでも厚みを加えることになれば、これ以上の喜びはありません。併せて、今回いただいたこの機会は、私がこれまで幾度か体験したヒアリングとは全く異なる新鮮な緊張感に包まれました。それは「記録を残す」と「振り返り」の歴史的意義について、改めて真摯に考える貴重な学習の場になったからだと思います。そうした面からも国立公文書館に対し重ねて感謝申し上げます。

国立公文書館が新庁舎への移転を含めて、日本の歴史を正しく記録し、保管し、伝えていく牙城として益々発展されますことを心から祈念申し上げます。本当にありがとうございました。

〈追記〉

(藁科) 今回の「わが国における労働運動史」の記録を残す作業は、二〇二〇年（令和二年）四月一〇日に締めくくりの聞き取りをもとに最終的なまとめの論議をする予定でしたが、新型コロナウイルスに対する「緊急事態宣言」（四月七日政府発令）の要請を受けて、日程の延期を余儀なくされる事態となりました。

このウイルスは、二〇一九年一二月中国・武漢（二〇二〇年一月「新型コロナウイルス」と認定）で発見されてから数カ月の間に世界各地にその猛威を拡げ、世界中を未曽有の困難と混乱の渦の中に巻き込んでしまいました。四月一一日に発表された米国ジョンズ・ホプキンス大学の調査結果によると、感染者は一七一万人余りとなり死者はついに一〇万人を超えたと報じています。そして、世界保健機関（ＷＨＯ）がパンデミック（世界的大流行）と認定した三月一一日からわずか一カ月で死者は二四倍に急増したと説明しています。しかも、今日依然としてウイルスの発生源と感染経路が不明のもとで効果的な対策が打てないままに、各国・各地では必死の防衛策が模索されています。そして、この厄災は、経済、社会、生活、医療などあらゆる分野に類例のない深刻な影響を与えているばかりか、これまでに築かれてきた社会的システム、秩序、文化といったものまで根底から破壊しています。その影響は、リーマンショックをはるかに超え、一世紀近く前の「世界大恐慌」に匹敵するものになると予測されています。

勿論、わが国に対する影響も例外ではなく、感染者、死者の数が国際比較の面で相対的に低いとの論評もありますが、「緊急事態宣言」が発せられた四月七日以降も都市部を中心に感染者、死者が増え続けており、経済、社会、生活などへの影響も極めて甚大で、その再構築の展望は決して容易ではありません。

先の展望が見えないこの段階での軽々な論評は慎まなければなりませんが、全世界、全人類が先を読めない恐怖に包まれ、有効な手立てを打てない無力感を噛みしめていることは間違いありません。

早急な事態の収拾と回復のための新たな展開を切に祈るばかりです。

1　藁科満治著『連合築城：労働戦線統一はなぜ成功したか』日本評論社、一九九二・六
2　司馬遼太郎（一九二三―一九九六）
3　童門冬二（一九二七―）
4　福沢諭吉（一八三四―一九〇一）
5　賀川豊彦（一八八八―一九六〇）
6　福田赳夫（一九〇五―一九九五）
7　連合総合企画局編『語り継ぐ連合運動の原点』日本労働組合総連合会

8　ジスカール・デスタン、V.（一九二六―二〇二〇）

参考文献・資料

『連合築城』（一九九二・六、日本評論社）
『現代労働運動史』（二〇一八・六、教育文化協会）
『戦後労働運動史』（二〇〇〇・八、教育文化協会）
『語り継ぐ連合運動の原点』（二〇一四・一一、連合）
『政推会議運動史』（一九八七・一一、政推会議）
「連合30周年に寄せて」（二〇一九・一一、『月刊労働組合』）
「官民は互いに何を学びあうか」（一九七八・一〇、『現代の労働』）
『労戦統一の手順』（マンガ、一九八〇・二、電機連合）
「新聞記事」（二〇一五・六、『日本経済新聞』、二〇一五・九、『読売新聞』他）

●資料

民間先行による労働戦線統一の基本構想

1. 運動の基調（理念）

1. われわれは、相互信頼のうえにたった民間労働者の結集をもとにして、完全雇用の確保、労働基本権の確立、労働諸条件の維持・改善をはかるために力と政策を背景とした活動をすすめる。あわせて、物価、税制、住宅、年金など国民生活にかかわる総合生活課題の改善にも積極的に取り組み、労働組合の経済、社会、政治各面における地位の向上をはかる。

2. われわれは、労働組合の主体性を堅持するとともに、外部からのあらゆる支配介入を排除して、民主的で強固な組織の確立をはかる。しかしながら、目的を達成するために、要求、政策、目的が一致する政党、団体とは、相互の自主性を尊重しながら必要に応じ協力して活動をすすめる。なお、政党支持については、当面加盟組織の判断に委ねる。

3. われわれは、内外の労働者との連携をつよめ、民主主義にもとづく日本の平和的発展と世界的な恒久平和の実現を期する。この目的達成のために、国内にあっては日本国憲法の基調に沿った自由、平等、平和が保障される社会の実現を目指し、国外にあっては、環境・条件と運動理念を同じくする自由圏の労働者との連携を重視しながら、各国の労働者と手をたずさえて、世界の平和と繁栄に貢献することを期する。

2. 情勢の基本認識

(1) 日本における近代的労働運動は、八〇年以上の歴史をもち、戦後だけでも、三五年の歳月が経過している。

この間、日本の労働組合は、労働者の労働条件の改善と国民生活の向上、民主々義と世界平和確立のためにたゆまぬ努力を続け、多大の成果をあげるとともに、労働組合組織そのものも着実に成長をとげてきている。しかし、その道は決して平坦なものではなく、戦後に限ってみてもその歩みはむしろ苦難にみちた茨の道の繰り返しであった。

日本の戦後における労働運動は、その再出発の段階から戦前より持ちこされた相互不信と政治的対立を背景として、二つの勢力に分立したままスタートすることになった。それ以降、一九五〇年代前半まで主としてイデオロギーからくる運動理念の対立をもとに、分裂と再編を繰り返してきたが、特にその背後にあった特定政党の直接、間接の介入、干渉は目にあまるものがあって、きびしく批判されなければならない。

一九六〇年代に入っても、高度成長に伴なう民間組織の拡大や国政選挙の動向などの背景をうけながら、労戦統一に向けてのうねりがあった。特に一九七〇～七三年にかけての動きは、民間単産連絡会議の発足にまで及んだが、結局運動理念にかかわる団体間の対立と相互不信を底流として挫折し、統一への道はことごとく失敗に終ったのである。

そしていま、われわれはふたたび労働組合の悲願ともいうべき労働戦線の統一問題に挑戦しようとしている。われわれをとりまく国内外の情勢は、極めてきびしい状況にあり、もう失敗の繰り返しは許されない。そのためにも相互信頼のうえにたって、過去の統一論議の反省を厳粛にすることからはじめなければならない。

(2) わが国の経済は、戦後の混乱期をのぞき、急速に拡大、発展をとげてきた。特に一九五〇年代後半から進行した高度成長政策は、インフレ、公害など、わが国の経済、社会に多くの課題をのこしながらも、国民総生産、成長率、福祉、貿易など各面において著しい発展をもたらし、国際的にも経済大国として一気に浮上する力をもつことになった。そして、一九六〇年代終盤から七〇年代にかけては、力をつけたわが国の国際競争力が、かえって国際的な警戒の的にもなる程に成長したのであった。わが国の労働運動もまた、その高度成長という繁栄の時代の中で生きてきた。そして高度成長を背景とした欧米の労働条件を目指す運動目標も、ほぼ達成されるかにみえた。

しかし、一九七〇年代初期に起きた二つの事件——一九七一年のドルショックと七三年の石油ショック——は、世界経済の流れを逆流させ、格別資源エネルギーを海外に依存するわが国経済の根幹をゆるがし、いっきに低成長の谷底へと急降下することになった。この二つの事件によってわが国経済の繁栄期は終り、われわれの住む産業社会は歴史上いまだ経験したことのない深刻な危機を迎えることになったのである。それから一〇年、ドルショックに象徴的に示された国際通貨不安は依然継続している。第一次石油ショックにはじまった資源エネルギーの危機はその後もさらに深刻化し、一九七九年の第二次石油ショックを経て、世界経済はいま国際的なスタグフレーションの様相を強めている。

そのような国際経済の中にあって、わが国の経済は、第一次石油ショックによる深い傷あとも時間をかけて忍耐強く癒し、第二次ショックの荒波をもくぐりぬけ、いま再び安定成長の軌道にのり移ろうとしている。それを支えたものは、国民の協力、経済政策などもあろうが、何といってもその最大の原動力は質的に優れ量的に恵まれたわが国の労働力であり、労働組合の対応であったことは、改めて指摘するまでもない。

いま世界各国は、わが国経済の底力としたたかさに驚嘆しながら、わが国の経済が国際経済の発展と均衡に寄与することをきびしく求め、又開発途上国は、わが国からの経済援助をつよく期待している。そして、国際的な労働運動の分野においても、わが国労働組合の果すべき使命と責任がますます重くなっているのである。

(3)　戦後の政治、経済、社会の変動に伴ない、労働者の国民全体に占める比率は高まっている。にもかかわらず、経済成長期における労働側の組織拡大に対する努力不足、石油ショック後の減量経営の徹底、産業構造の転換に伴なう第三次産業部門の伸長などを背景として、組織労働者の割合は年々低下していることは遺憾である。同時に、労働者の生活観、価値観は大きく変化している。今日では労働者が労働組合に期待するのは、雇用の安定と名目賃金の引き上げだけではない。物価の安定、不公平税制の是正、労働時間の短縮、高齢化対策、年金制度の改善など多岐にわたっている。

これに伴ない労働組合の活動領域は拡大している。労働組合が多様化する労働者の要求を実現するためには、企業内、産業内における活動だけでは十分ではない。要求の多くは、労働組合が力を結集し、自らの社会的、政治的影響力を強めていくことなくしては実現できない性質をもっている。

(4)　以上のような政治、経済、社会全般にわたる内外の変動に対応していくためには、労働運動は新しい視点に立脚し、政策的にも理念的にも古い殻を打破していかなければならない。

いまこそ、過去の体験と教訓を生かして、日本の労働組合が持つすべての能力と英知とを結集し、組織の統一をはかることが不可欠の緊急課題となっている。そのような決意のもとに、いま民間先行による戦線統一に向けて、四団体合意の中で統一推進会の討議が精力的に進められている。にもかかわらず、この取組み努力を右翼的再編と一方的にきめつけ教条的な誹謗、妨害を許ろうとする団体、組織などに対しては、毅然として対応していかなければならない。

3. 統一の必要性と目的

(1) 第一は、政策制度課題の重要性が高まっていることである。労働組合が労働者の生活全般の向上を実現するには、企業内だけの運動では不十分であり、政府に対する物価対策、不公平税制の是正、雇用の安定などの政策制度闘争が展開されなければならない。しかし、これら政治にかかわるとりくみについては、労働側が分裂状態のままでは力を発揮することは不可能である。とくに今日のような国会勢力の状況のもとでは、なおさら労働側の力の結集が急がれなくてはならない。併せて、賃金闘争についても低成長下において実質賃金の維持・向上をはかるためには、労働側の結集と体制の強化をはからなければならない。

(2) 第二には国際化時代への対応である。政治、経済の国際化の進展にともない、国際的な労働運動の分野においても、その経済力に見合った役割と責任を果たさなければならない状況となってきている。とくに強力な経済力を背景とするわが国の労働組合に対する国際的な期待は、格別大きなものがあり、又開発途上国に対する協力、援助もつよく求められている。

このように今日では、国際労働運動との連携、協力なしには、国内の労働運動も成り立たなくなっているといっても過言ではなく、国際労働運動への積極的な参加を通じて果すべき日本の労働組合の責任と役割は大きい。とくに、エネルギー、資源の価格・供給量両面にわたるきびしい制約は今後も続く見通しであり、同じ環境、条件下にある各国の労働組合との連携、協力をより緊密にはかっていかなければならない。実際にわが国の労働組合と諸外国の労働組合との国際的連携は急速度に進んでいる。国際自由労連（ＩＣＦＴＵ）との関係についても、すでに同盟が正式加盟しているばかりではなく、総評、中立労連の代表が国際自由労連大会に傍聴参加する一方、各産別組織段階でのＩＴＳへの加盟促進などの動きもあり、又、ＯＥＣＤ・ＴＵＡＣ（労組諮問委員会）といった国際機構との連携も強まっている。

このような状況を背景にした国際的な連携、協力の場において、より具体的に参画し南北問題をはじめとする諸課題に対して、日本の力量に応じた責任と役割を果していくためにも、日本の労働組合の意見の一本化は不可欠の条件である。したがって、国際労働運動の面で環境条件を同じくする国際自由労連との連携強化が必要である。

(3) 第三は、民間労働組合の共闘の前進によって労働戦線統一問題をより積極的に推進すべき基盤が整備されつつあることである。制度政策課題に関しては、労働四団体と純中立の枠を越えた横断的な共闘組織として、主要な民間単産による政策推進労組会議がつくられ、着実な成果をあげている。賃上げをめぐる共闘としては、賃闘対策民間労組会議やブリッヂ共闘がつくられ、賃金決定機構としての基盤を確立しつつある。これらの共闘体制は、いまだ未成熟な面をもっているが、過去数年間の実績によって信頼関係も深まり着実な前進をはかりながら、これらの各共闘の統合、一元化の必要性に迫られている。

(4) 第四は、未組織労働者をも含めた結集である。未組織労働者の労働条件、労働時間、職場環境などは、組織労働者のそれよりも劣悪な状態におかれているのが一般的である。労働運動をすすめるうえで、このことを全労働者の問題としてとらえ改善をはからなければならない。

又、労働者の経済、社会、政治各面における地位の向上をはかるうえからも、組織労働者の結集だけでは限度があるといわなければならない。そのためには、まず既存の四団体と純中立の枠をこえた労働者の結集を通じて、労働条件、生活課題の改善をひきだし、その成果を未組織労働者にまで波及させると同時に、民間組織の統一そのものが未組織労働者の組織化のための力の支えになることが必要である。

(5) 第五は労働組合のもつ社会的、政治的力量の結集である。もちろん労働組合は政党と異なる性格をもっており、政治課題に取り組むにあたって、労働組合にふさわしい取り組み方が要求されることは当然である。しかし、一九八〇年六月の同時選挙の結果つくられた自民党安定多数の政治情勢下において進行する〝逆の軌道〟に歯どめをかける上で労働戦線統一が結果として果すであろう政治的役割はきわめて大きいことを自覚しなければならない。

格別、野党の分立の続く現状において、経済と政治をつなぐ民主的な勢力としての労働戦線の統一は、極めて意義深いものをもっており、政治の流れを転換するための新たな起爆剤的役割を果す可能性をもっている。現状を打開する新しい政治勢力の形成は、統一された労働側の力を背景にしてはじめて可能になるであろう。労働戦線統一は、こうした政治的、社会的性格をももっているのである。

4. 統一の進め方

1. 新たな協議体の性格と運営

(1) 新たな協議体（民間統一体）の性格

① 新たな協議体は、全的統一を展望するなかで、とりあえず民間先行によって発足させる。

② この協議体は、当面、協議会組織とし、その主たる任務は政策・制度の要求や賃金をはじめとする主要な労働条件の改善など、民間労働者に共通する課題の実現をめざして共同行動を積み重ねていくこととする。

③ この組織は全的統一への機運と協議会の実績を踏まえつつ、協議会組織を連合会組織に発展させていくことを想定する。

(2) 既存組織との関係

上記の新たな組織と既存のナショナルセンターとの関係は、協議会組織を連合会組織に発展させる時期までに明らかにすることとし、この間は現状を保持していく。

(3) 協議会の運営と機構

① 協議会の運営は、参加組織の相互信頼を基盤とし、前述の1．運動の基調、2．情勢の基本認識、3．統一の必要性と目的などの趣旨を十分理解したうえで進める。具体的には、この運営に関する認識を保証しうる協議会運営要綱を制定し、その要綱に沿って運営していく。

② 協議会運営要綱に織り込まれる主な点は、次の通りである。

(イ) 協議会の参加単位は、原則として産別組織とする。なお、無所属労組などの関係については、別途の配慮を講ずることがある。

(ロ) 運営上必要ないくつかの機関を設け、決定は原則的には合意制とする。但し、合意制が協議会運営上の民主制と慎重さを尽してもなお、運営の障害をひきおこすような場合には、多数決制も採用する。

(ハ) 協議会は、代表者・役員を選出し、加盟組織の幅広い参加のもとで前進を期す。

(ニ) 協議会には、専従事務局体制を敷く。

(ホ) 協議会の地域組織として、地域連絡会議を設ける。

(ヘ) 協議会の財政は、参加組織の拠出によってまかなう。なお、場合によっては、発足にあたり運営基金を考えることもある。

2. 当面の統一の進め方

(1) 労働戦線統一推進会のまとめ〝民間先行による労働戦線統一の基本構想〟を、本年開催する各産別組織等の機関(大会)で討議し、新たな組織への参加の方向を確認した産別組織等によって本年中に「民間先行による労働戦線統一準備会」(仮称)を発足させる。

(2) 本年の各産別組織等の機関(大会)における討議にあたっては、下記統一準備会の役割なども考慮のうえ、統一準備会における合意形成、続いて新たな協議会の結成というステップを踏むことが必然であるので、このステップに迅速かつ機動的に対処し得るよう各組織の実態に応じて機関討議を行う。

(3) 「民間先行による労働戦線統一準備会」の役割は、参加組織の拡大と相互信頼の強化をめざした交流をはかりながら、〝民間先行による労働戦線統一の基本構想〟に沿って民間先行による新たな協議会の運営要綱案や、運動方針案、予算案などの起草をはじめとする協議会結成の準備を進める点にある。

(4) 統一準備会に事務局を設ける。必要経費は、参加組織の分担金でまかなう。

(5) 新たな協議会の発足は、一九八二年とする。

5. 全的統一への展望

労働戦線の統一は、一九八〇年代の最大の課題である。

民間先行による新たな協議会の発足は、労働戦線統一への第一段階である。

従って既存のナショナルセンターの責任と役割はいうに及ばず、この協議会の役割と責任も全的統一に向けて極めて大きいものがある。

この全的統一を展望した上での協議会の役割と責任を自覚しつつ、当面は、協議会参加組織の相互信頼を高め、協議会自らの充実をはかることが急務であり、可及的速やかに第二段階の連合会組織を発展させることが肝要である。

一方、協議会未参加産別組織等とも交流を通じて参加を呼びかけ、あわせて官公労働界自身の統一への努力や民間労組と官公労組との相互信頼の醸成・連携の強化にそれぞれの立場で総力をあげることが、全的統一への展望を拓く道である。

あとがき

歴史と原点を振り返りながら強く感じたことは、「意識改革」の力と重要性についてであった。

至難と言われてきた労戦統一が「連合結成」として成就したのは、統一推進会の論議が旧来の発想の延長ではなく、「イデオロギーから政策へ転換する意識改革」を基調としてすすめられた決断と姿勢によるところが大きい。

併せて重要なことは、その流れを支え包み込んだ労働者の意識改革のうねりがあったことである。そのうねりは、職場から、地域から怒濤の如く巻き起こったものであり、そのうねりの源泉は
・七〇年代初頭からのドルショックとオイルショックに象徴される国際化の荒波に直面して、政治、経済、生活各面にわたって、国際的な視野に立って考え、行動しなければいけないとの意識が強まった。

・このような環境の中で、運動を進めるためには、国の基本政策に向けた取り組みが必要であり、そのためには企業・産業を超えて労働界が統一してそれに対応する「政策と力」を持たなければならない。

といった労働者の「危機意識に基づく自律的な統一実現に向けた意識改革」であった。

この「二つの意識改革」が重層的に、相乗的に拡大発展して連合結成に繋がったといえる。つまり「意識改革の二重奏」の響きである。

振り返って、しみじみ労働組合ほど民主的な組織はないと思う。組合員の合意がなければ何一つ決められないし、活動は一歩も前に進まない。至難と言われた労戦統一が今回「連合結成」として成就したのは、結局のところ職場・地域から巻き起こった今までと異なる熱気に満ちた組合員・労働者の怒濤のごときうねりが、統一への動きを力強く支えたからだと思う。

このような流れこそ「労働運動の神髄の姿」と言っていいのかもしれない。

改めて、歴史と原点を振り返りながら、この二つの歴史的な活動に参加できた幸運に心から感謝しなければいけないと思った。

最後に、森田実氏と神津里季生氏の二人から身に余る「序」と「言葉」をいただき感謝に堪えない。

あとがき・追記

政治評論家、森田実氏におかれましては、去る二月七日病のため逝去されました。昨年末（一二月一八日）本書「序」の原稿をいただいた時にはわざわざ電話を下さり、いつもの元気な声で「懐かしい当時のことを思い浮かべながら書きました」と語ってくれました。それだけにこの突然の悲報は、あまりにショックで痛惜の念は深く言うべき言葉もありません。

生前における森田さんの国内外にわたる輝けるご活躍に、改めて敬意を表しますと共に、長年にわたる友情溢れるご厚誼に対し心から御礼申し上げます。

格別、労戦統一・連合結成の取り組みの際には、「基本構想」草案をめぐって価値ある助言をもとに激励してくださり、どれほど励まされたことかそのご恩を決して忘れることはできません。

謹んで衷心よりご冥福をお祈りしつつ、感謝を込めて本書をご霊前に捧げたいと存じます。　合掌

著者紹介

藁科 満治（わらしな みつはる）

連合顧問（連合初代会長代行）
元参議院議員（1992〜2004年）

1996年　内閣官房副長官
2002年　秋の叙勲で勲一等瑞宝章受章
2003年　参議院議員会長（民主党）、国家基本政策委員会委員長
2011年　大倉喜七郎賞受賞
2012年　日本棋院八段

著書
『民主リベラルの政権構想』（日本評論社）
『「出会い」こそ人生の分岐点』（日本評論社）
『囲碁から学ぶ人生訓――「いろは」のしおり』（共著、日本評論社）
『囲碁文化の魅力と効用』（日本評論社）
『浮世絵に映える囲碁文化』（日本評論社）
『歌舞伎に踊る囲碁文化』（日本評論社）
『僧・寛蓮の功績――囲碁史に一石』（囲碁文化研究会、非売品）
『藩校に学ぶ――日本の教育の原点』（日本評論社）
『わが国における労働運動史：連合結成を中心に
――藁科満治オーラル・ヒストリー』　他

種火《たねび》を繋《つな》ぐ――連合結成33年の軌跡

2023年３月30日／第１版第１刷発行

著　者　藁科 満治
発行所　日本評論社サービスセンター株式会社
発売所　株式会社日本評論社
〒170-8474　東京都豊島区南大塚3-12-4
電話　03-3987-8621（販売）
https://www.nippyo.co.jp/
装　幀　菊地 幸子
印刷・製本　精文堂印刷株式会社

ISBN978-4-535-58785-4